Lebhafte Körpersprache

in Vorträgen, Präsentationen, Gesprächen

Horst Hanisch

Bibliografische Information der Deutschen Nationalbibliothek: Die Deutsche Nationalbibliothek verzeichnet diese Publikation in der Deutschen Nationalbibliografie; detaillierte bibliografische Daten sind im Internet über dnb.dnb.de abrufbar.

Der Text dieses Buches entspricht der neuen deutschen Rechtschreibung.

Idee und Entwurf: Horst Hanisch, Bonn

Lektorat: Alfred Hanisch †, Bonn; Annelie Möskes, Bornheim (ab 3. Auflage)

Buchsatz: Guido Lokietek, Aachen; Horst Hanisch, Bonn

Umschlag: Christian Spatz, engine-productions, Köln; Horst Hanisch, Bonn

Zeichnungen: Horst Hanisch, Bonn

Verlag: BoD · Books on Demand GmbH, In de Tarpen 42, 22848 Norderstedt, bod@bod.de

Druck: Libri Plureos GmbH, Friedensallee 273, 22763 Hamburg

ISBN: 978-3-7693-1588-2

Lebhafte Körpersprache

in Vorträgen, Präsentationen, Gesprächen

Inhaltsverzeichnis

5

Grußwort zur 2. Auflage

Jürgen Weischer
Gründungspräsident der EUFH/CBS/EMS Hochschulgruppe, 2008

„Der Mund kann lügen, der Körper kann es nicht."

Jeder kennt den alten Satz aus Großmutters Zeiten: „Der erste Eindruck zählt." Heute hört man häufiger auch deren Abwandlung: „Für den ersten Eindruck gibt es keine zweite Chance" oder noch deutlicher: „Der Mund kann lügen, der Körper kann es nicht."

Schon bevor man sich vorgestellt oder einen ersten begrüßenden Satz gesagt hat, erhält der zukünftige Gesprächspartner einen Eindruck und eben dieser Eindruck zählt. Er entscheidet, ob man es mit dem Gegenüber schwer oder leicht haben wird.

In dem Moment des ersten Sehens wird mehr entschieden als mancher sich vorstellen mag. Verschränkte Arme, ein gebeugter Gang und ausweichende Augen sind stets ein Zeichen der Schwäche oder Unsicherheit.

Diese vermitteln unserem Gegenüber nicht das Gefühl unserer Vertrauenswürdigkeit und Verlässlichkeit, unabhängig vom gesprochenen Wort.

Körpersprache ist nicht nur in Konferenzen und beruflichen Verhandlungen wichtig; auch im privaten Bereich kann sie von Vertrauen und Zuneigung über Neutralität und Argwohn bis hin zur Abneigung alles ausdrücken.

Horst Hanisch gibt mit dem vorliegenden Buch anhand deutlicher Beispiele eine Anleitung für selbstbewusstes Auftreten, für positive nonverbale Kommunikation und regt zur Steigerung der eigenen Sicherheit an.

Anliegen dieses Buches ist es, dem Leser durch die Gewinnung eigener
Sicherheit zukünftig einen Vorsprung zu verschaffen und ihm Anhalts-
punkte zur besseren Einschätzung seines Gegenübers zu geben. Diesen
Vorsprung gilt es zu nutzen.

Zur Erreichung dieses Zieles ist das vorliegende Buch in besonderer
Weise geeignet.

(In vielen Jahren fruchtbarer Arbeit als Trainer an verschiedenen Hoch-
schulen konnte Herr Hanisch schon hunderten unserer Studenten und
Studentinnen aufgrund seiner Forschungen und profunden Erfahrungen
wichtige Erfolgsfaktoren aufzeigen und vermitteln.)

8

Jürgen Weischer, 2008

Hinleitung zum Thema

Der Körper des Redners spricht mit

„Das Lachen ist ein wetterleuchtendes Aufblitzen der Seelenfreude.“
Dante Alighieri, ital. Dichter
(1265 - 1321)

Authentisch bleiben

Liebe Leserin, lieber Leser,

laut einer Untersuchung des US-amerikanischen Psychologen Albert Mehrabian (*1939) verläuft der zwischenmenschliche Dialog zu 93 % nonverbal (durch Körperhaltung, Gestik, Mimik) und paraverbal (durch Stimmlage, Lautstärke und so weiter).

Nur vergleichsweise bescheidene 7 % (verbale Kommunikation) bestimmen den sprachlichen Inhalt einer Information.

Die Prozentzahlen offenbaren, welche Rolle die unterschiedlichen Möglichkeiten der Kommunikation einnehmen.

Trotzdem: Körpersprache, Stimmlage und schlussendlich das gesprochene Wort ergänzen einander und ergeben somit ein ehrliches Gesamtbild des Gegenübers und von uns selbst.

Mit 55 % nimmt der nicht gesprochene Part eine Dominanz ein.

Nonverbale Signale, die Art und Weise wie eine Person schaut, wie sie sich bewegt, wie sie ihren Körper einsetzt, um eine Aussage, ein Argument oder eine Behauptung zu unterstreichen, werden vom Gesprächspartner (überwiegend unbewusst) aufgenommen und verarbeitet interpretiert.

Meint es das Gegenüber ehrlich?

Manchmal stellt sich das Gefühl ein, dass das Gegenüber es nicht ehrlich meint, obwohl es nicht begründet werden kann.

„Ich habe da so ein ungutes Gefühl.“

Hier könnte es sein, dass der Körper etwas anderes aussagt als das, was mit Worten vermittelt wird. Schwindelt das Gegenüber? Oder ist die Person einfach nur unsicher?

Wie skeptisch jemand einer Deutung der Körpersprache auch gegenüberstehen könnte, es lässt sich nicht verneinen, dass die Sprache des Körpers deutbar ist.

Ein Ziel dieses Buchs ist es, einzelne Mosaiksteine der Körpersprache kennenzulernen und deuten zu können.

Wer sich intensiv mit diesem Thema beschäftigt, wird sehr schnell merken, wie leicht ein Mensch sich durch seine Körperhaltung offenbart.

Dieses Wissen muss der Vortragende, der Präsentierende oder der Gesprächsführende nicht ausnutzen, um jemanden negativ zu manipulieren.

Nein, das Wissen über die gesendeten Informationen mithilfe der Körpersprache des Gegenübers macht es leichter, ein Gespräch oder eine Rede optimal führen zu können.

Die Person, die hinter dem Mikrophon steht, auf der Bühne überzeugen will, in Gesprächssituationen authentisch und glaubhaft wirken möchte, setzt die eigene Körpersprache passend und überzeugend zum gesprochenen Wort ein.

Der Körper spricht

Es hat einige Jahre gedauert, um die Informationen zu diesem Buch zusammenzutragen. Die vorliegende 6. Auflage ist deutlich überarbeitet und aktualisiert.

Aus unzählig vielen Gesten wurden jene herausgesucht, die gut zu erkennen sind und die für unsere Kultur beziehungsweise den europäischen, speziell den deutschsprachigen Raum ausschlaggebend sind.

Der Begriff ‚Körpersprache‘ verrät bereits, dass von einer ‚Sprache‘ geredet werden kann. So scheint es nachvollziehbar, dass ähnlich der gesprochenen Sprache weltweit Unterschiede in der nonverbalen Sprache zu finden sind. Einen Hinweis hierzu gibt es in Kapitel 6.

Die vorliegenden mehr als 300 Zeichnungen und erklärenden Texte zeigen, was die Körpersprache vermittelt – und wie sie üblicherweise gedeutet werden kann, sofern eine Reaktion auf eine Aktion erfolgt.

Noch ein gut gemeinter Tipp. Meines Erachtens ergibt es keinen Sinn, nun gebremst durch den Alltag zu schreiten, aus Furcht, sich durch die Körperhaltung zu ‚verraten‘. Nein, wenn die ‚verbale‘ Aussage ehrlich ist, ist es die ‚nonverbale‘ ebenso.

Wer Körpersprache gut lesen und ‚sprechen‘ kann, kann Gespräche offener und stressfreier führen.

Das neue Wissen kann auch dazu beitragen, Körperhaltungen, die vom Gesprächspartner negativ gedeutet werden könnten, in besonders wichtigen Situationen (zum Beispiel beim Vorstellungsgespräch, Überzeugungsgespräch, Start-Up-Präsentationen und so weiter) zu vermeiden.

Deshalb gilt: Bleiben Sie als Redner/in, Präsentierende/r, Gesprächsleiter/in, Coach, Trainer/in, Gesprächspartner/in ehrlich und authentisch. Wer die Wahrheit sagt, drückt sie durch seine Körpersprache ebenso aus.

Viel Spaß beim (Selbst-)Studium wünscht

Horst Hanisch

Kapitel 1

13

Verbale, paraverbale und nonverbale Sprache

Zwischenmenschliche Kommunikation

„Wie die Umstände, so auch die äußere Erscheinung.“
**Desiderius Erasmus von Rotterdam, nl. Gelehrter
(1469 - 1536)**

Wortlos verstehen

Sie sind aktiv als Redner, Vortragender, Gesprächsleiter, Kommunikationspartner?

Tagtäglich unterhalten Sie sich mit Ihren Mitmenschen. Sie unterhalten sich mit ihnen, sie sprechen zu und vor ihnen.

Zum Beispiel als Trainer in einem Seminar oder während einer Tagung steht die Kommunikation im Vordergrund.

Die Teilnehmenden lauschen erst aufmerksam, bis die Augen kleiner werden und ganz selten soll es schon vorgekommen sein, dass ein Teilnehmer beruhigt eingeschlafen ist.

Treten die Präsentierenden nicht überzeugend genug auf?

Ließe sich die verbale von der nonverbalen Sprache trennen, hätten die Teilnehmenden auf die Dauer Schwierigkeiten, dem Präsentierenden zu folgen.

Stellen Sie sich einmal vor, Sie müssten sechs bis acht Stunden den verbalen Ausführungen einer Person konzentriert folgen. Das erscheint unmöglich, oder?

Glücklicherweise gesellt sich zum gesprochenen, also zum verbalen Wort noch das nicht gesprochene Wort. Ein Wort, das nicht ausgesprochen wird? Sprechen ohne zu sprechen? Ja, so ist.

Kapitel 1 – Verbale und nonverbale Sprache

Die Kommunikation – die Verständigung zwischen zwei Personen – erfolgt üblicherweise verbal (mit Wörtern), paraverbal (zum Beispiel durch Pfeifen) und nonverbal (beispielsweise durch Gestik, Mimik und Körperhaltung).

Diese drei Komponenten ergänzen einander optimal. Zuhörende beziehungsweise Teilnehmende würden bei entsprechendem kombinierten und sich ergänzenden Einsatz nicht mehr einschlafen.

Vielleicht liegt es nahe anzunehmen, dass der größte Teil in einer zwischenmenschlichen Kommunikation verbal verläuft.

Tatsächlich zeigt sich aber sehr schnell, dass der Mensch ohne Wörter sehr ausführlich kommunizieren kann. Daraus folgt, dass eine Person ohne verbal zu sprechen reden kann.

Babys zeigen das täglich. Großartige Pantomimen spielen mit diesem Phänomen und überraschen mit dem wortlosen Einsatz ihrer Körpersprache.

Es gilt die Aussage: Sobald zwei Menschen, gleichgültig ob sie sich kennen oder nicht, aufeinandertreffen, beginnen sie sofort miteinander zu kommunizieren.

„Man kann nicht <u>nicht</u> kommunizieren", behauptete deswegen der österreichische Kommunikationswissenschaftler Paul Watzlawick (1921 – 2007).

Stellen Sie sich folgende Situationen vor:

Gefangen im Aufzug

Sie betreten zusammen mit einer fremden Person einen Aufzug. Bei vielen Menschen löst das schnell ein unangenehmes Gefühl aus.

Sie reden nicht miteinander und jeder schaut nach einem kurzen Blickkontakt interessiert auf die Etagen-Anzeige oder an die Aufzugdecke.

Sie können nicht flüchten, Sie sind regelrecht gefangen im Aufzug.

Sie stehen nahe nebeneinander und sind in der Regel nicht fähig oder auch gar nicht gewillt, verbal miteinander zu kommunizieren.

Durch das Richten der Augen an die Aufzugdecke vermeiden Sie weiteren Blickkontakt zum anderen Fahrgast und signalisieren damit automatisch, Sie wollen mit ihm nicht verbal kommunizieren.

Vielleicht schauen Sie auch interessiert auf Ihre Fußspitzen, was den Eindruck der Unbehaglichkeit noch verstärkt.

Nach unten zu schauen zeigt eine gewisse Demuts-Geste. Nach oben zu schauen: Sie suchen Hilfe, die Ihnen in diesem Moment nicht gegeben werden kann.

Der junge Punker und die ältere Dame

Eine alte Dame spaziert durch die Fußgängerpassage. Ein jugendlicher Punker kommt aus der anderen Richtung auf die alte Dame zu.

Automatisch presst die Dame ihre Handtasche fester an den Körper. Sie greift ihren Gehstock besser, um einen sichereren Gang zu bekommen, ja vielleicht sogar, um ihren Stock – im Fall des Falles – als Verteidigungswaffe einzusetzen.

Wenn es geht, wird die Dame möglicherweise sogar ausweichen, um die gefürchtete Konfrontation zu vermeiden.

Woher kommt die Wahrnehmung einer vermeintlichen Gefahr? Gibt es unangenehme Geschichten, an die sich die Dame erinnert?

Oder ist es lediglich das äußere Erscheinungsbild des jungen Mannes, das Furcht einflößen lässt?

Die unsichtbare Mauer in der U-Bahn

Ein Fahrgast sitzt in der U-Bahn auf einer Zweierbank. Die Bank gegenüber ist frei. Ein zweiter Fahrgast nimmt dort Platz. Der erste Fahrgast wird nach einem kurzen Blickkontakt (tut der mir nichts?) aus dem Fenster schauen.

Weiterer Blickkontakt ist von beiden nicht erwünscht. Wie hätte der erste Fahrgast wohl reagiert, hätte sich die zweite Person unmittelbar auf den Platz neben ihm gesetzt?

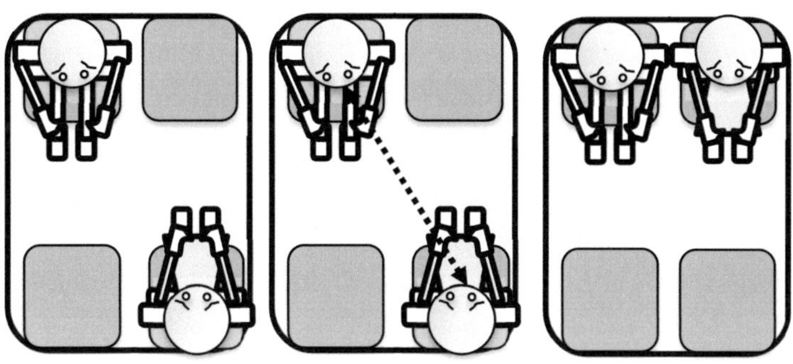

Auf der anderen Seite in der U-Bahn sitzt ebenfalls ein Fahrgast. Dieser hat neben sich seine Aktentasche abgestellt und auf dem Platz gegenüber einen Teil seiner Zeitung ausgebreitet. Würden Sie sich, sofern andere Plätze frei sind, auf einen dieser beiden blockierten Plätze setzen?

Ständige Kommunikation sichert das gesellschaftliche Überleben

Ohne mit der anderen Person gesprochen zu haben, zeigen die erwähnten Beispielpersonen nonverbal, was sie wünschen oder nicht wünschen beziehungsweise fürchten.

Fast jeder kennt zahlreiche Situationen dieser Art.

Erst das nonverbale Verhalten ermöglicht es, sich in der Gesellschaft frei und sicher zu bewegen. Ohne große Worte versteht das Gegenüber, was jemand denkt, fühlt, fürchtet, wünscht und so weiter.

Diese Beispiele lassen ahnen, wie umfangreich sich die nonverbale Kommunikation präsentiert. Und vor allem auch, wie wichtig diese Kommunikation im zwischenmenschlichen Bereich ist.

Wussten Sie, dass nach nur etwa maximal sieben (7!) Sekunden die Entscheidung gefallen ist, ob Ihnen Ihr Gegenüber sympathisch ist oder nicht? Also (maximal) sieben Sekunden, in denen oft noch nichts gesprochen wurde!

Wen sprechen Sie auf dem Bahnsteig an, wenn Sie eine Information wünschen. Den ersten Besten?

Wussten Sie, dass sich in einem Vorstellungsgespräch der Personalverantwortliche bereits nach nur vier (4!) Minuten (vorerst unausgesprochen nur im Kopf) für oder gegen den Bewerber entschieden hat?

Wenn Sie das erste Mal jemanden sehen, werden Sie in der Regel erst nonverbal miteinander kommunizieren. Sie treffen einen vorher noch nicht gesehenen Gesprächspartner in der Hotelhalle. Sie gehen aufeinander zu, lächeln und geben sich die Hand, nun begleitet durch die ersten Worte.

Wie schnell sind hier die ersten Sekunden vergangen.

Kapitel 1 – Verbale und nonverbale Sprache

Wenn Sie als Redner, Trainer, Dozent, Vortragender das erste Wort an Ihre Teilnehmenden oder Zuhörenden richten, sind möglicherweise bereits etliche Sekunden, ja manchmal auch Minuten vergangen.

Das lässt sich problemlos auf gesellschaftliche Anlässe wie Netzwerkveranstaltungen, Feiern und so weiter übertragen.

In den Köpfen der Zuhörer hat sich bereits zu Ihren Gunsten Sympathie, und wenn Sie Pech haben, zu Ihren Ungunsten Antipathie entwickelt. Und das alles, ohne dass Sie ein Wort gesagt haben!

Wie wichtig ist es für den Redner, negative Assoziationen auslösende Körperbewegungen zu vermeiden! Besonders zu Beginn einer Aktion.

Im Laufe des Gesprächs beziehungsweise der Präsentation kann fast jeder verbal überzeugen, der die entsprechenden Fähigkeiten aufweist.

So wie der Zuhörer die nonverbale Körpersprache des Redners in den ersten Sekunden deuten kann, kann auch der Vortragende die Haltung und Aufmerksamkeit der Anwesenden aufnehmen und einschätzen und sehr schnell einen ersten Eindruck von den Zuhörern erhalten.

Welche Stimmung nimmt der Zuhörer ein?

Auf diese Weise erhält der Präsentierende sehr schnell einen ersten Eindruck von den Zuhörern. Ist die Gruppe der Zuhörenden positiv erwartend? Ist sie aggressiv negativ eingestellt? Verhält sie sich gar angriffsbereit, lauernd?

Die richtige Beantwortung dieser Fragen ist für den Redner beziehungsweise den Vortragenden ‚überlebenswichtig‘.

Es wäre nicht das erste Mal, dass ein fachlich sehr gut ausgebildeter Trainer oder Moderator in der Praxis vor den Zuhörern, Seminarteilnehmern oder Diskussionsteilnehmern versagt, weil er deren Körperhaltung nicht oder falsch deutete.

Und selbstverständlich geschieht die nonverbale Kommunikation auch zwischen zwei Personen, die miteinander wortlos reden, die sich im Wartezimmer treffen oder im Verkaufsgespräch miteinander zu tun haben.

Lügt die Sprache des Körpers?

Aufgrund der Erkenntnis, dass die Körpersprache bei den menschlichen Vor-Vorfahren bereits vor dem gesprochenen Wort existierte, kann davon ausgegangen werden, dass die Reaktionen im und mit dem Körper mehr oder weniger automatisch und zum Teil auch unbewusst ausgeführt werden.

In Untersuchungen wurde festgestellt, dass bestimmte Reaktionen sogar auf der ganzen Welt gleich erfolgen und gleich gedeutet werden! Es lässt sich problemlos davon ausgehen, dass die Körpersprache die Wahrheit sagt – sofern sie nicht bewusst <u>gezielt</u> falsch eingesetzt wird.

Verbal kann eine Person behaupten, dass es regnet, obwohl tatsächlich die Sonne scheint und das herrlichste Wetter zu sehen ist. Ganz einfach: sie schwindelt oder noch schlimmer – lügt.

Wenn jemandem kalt ist und er anfängt zu zittern, wird er versuchen, seinen Körper zu schützen.

Er erzeugt künstlich Wärme, indem er die Arme vor die Brust hält und vielleicht die Arme reibt, sodass ihm wärmer wird. Erfolgen diese Reaktionen, kann als wahr angenommen werden, dass dem Gegenüber kalt ist.

Hier schwindelt die Person nicht.

Eine ganze Menge der nonverbalen Kommunikation kommt also aus dem Inneren des Menschen. Anderes, wie zum Beispiel die Vergrößerung oder Verkleinerung der Pupillen, lässt sich hingegen kaum beeinflussen.

Also: Reagiert das Gegenüber unbewusst, kann davon ausgegangen werden, dass es die Wahrheit sagt.

Hinweise zur Deutung der Körpersprache

Um aller Kritik gleich entgegenzutreten: Wohl keiner wird jemals alles hundertprozentig deuten können, da jede Situation eine andere ist und jeder Mensch in jeder Situation wieder anders reagiert.

So muss niemand fürchten oder hoffen, lediglich aufgrund seiner Körpersprache absolut richtig charakterisiert zu werden.

Die erhoffte oder gefürchtete allwissende KI

Oder vielleicht doch. Einige Wissenschaftler träumen davon, dass mit Künstlicher Intelligenz (KI) gesteuerte Systeme die Körpersprache einer Person (richtig) gedeutet werden kann.

Einige Systeme schaffen es bereits, die gescannte Mimik mit hoher Trefferquote korrekt den gefühlten Emotionen zuzuordnen.

Die eingesetzte KI kann dann erkennen, in welcher Stimmung die Person ist – und wie am besten mit ihr umzugehen ist. Mit dem Hinzunehmen des gesprochenen Wortes ist das vielleicht einigen Spezialisten – auch ohne Einsatz der KI – nahezu möglich.

Vorsicht mit Wertungen

Aber für die Allgemeinheit gilt, dass nur bestimmte Dinge gedeutet und gewertet werden können. Immer wieder muss vor Augen gehalten werden, dass ein Mensch nur menschlich reagieren und damit auch Fehlinterpretationen unterliegen kann.

Weiterhin ist es fast unmöglich und auch sinnlos, nur einen kleinen Ausschnitt aus einem menschlichen Verhalten zu betrachten und daraus Rückschlüsse auf das komplette Verhalten zu ziehen. Zu komplex ist das Zusammenspiel aller Muskeln im menschlichen Körper.

Stellen Sie sich vor, Sie wollten einen Schluck Wasser aus dem Glas trinken, das vor Ihnen auf dem Schreibtisch steht. Es wird Ihnen kaum gelingen, das Wasserglas zu greifen, ohne sich vorher mithilfe Ihrer Augen versichert zu haben, wo genau das Glas steht.

Während Sie das Glas greifen, werden Sie diesen Vorgang über das Auge kontrollieren. Das heißt, dass hier die Motorik der Hand und die Bewegung der Augen zusammenarbeiten.

In der Praxis werden Sie beides gleichzeitig aufnehmen, verarbeiten und deuten. Schauen Sie nur die Augen an, könnten Sie nicht wissen, dass ein Glas gegriffen werden soll. Auch wenn das Glas zum Mund geführt wird, erfolgt wieder eine Reaktion mit dem Kopf und mit dem Mund, was Sie durch das Bewegen der Lippen erkennen können.

Schließlich muss der Mund zu einem gewissen Grad geöffnet werden, wenn Sie das Glas zum Trinken ansetzen.

Sie können sich vorstellen, wie unendlich vielfältig das Zusammenspiel der Sinne und Körperteile und natürlich auch der Hilfsmittel oder Umgebung ist, um ein Ziel zu erreichen. Und Ziele dieser Art gibt es im Laufe des Tages tausende.

Reaktion auf Aktion

Um die Körpersprache möglichst treffend deuten zu können und um idealerweise keine Fehlinterpretationen zu fällen, rufen Sie sich folgenden Leitsatz immer wieder ins Gedächtnis: Die Körpersprache kann nur dann richtig gedeutet werden, wenn das Verhalten eine Reaktion auf eine Aktion darstellt!

Reaktion ⬌ Aktion

Was heißt das? Nun, Sie agieren, indem Sie etwas sagen oder tun und das Gegenüber reagiert. Und just in diesem Moment kann die Reaktion, vielleicht sogar richtig, gedeutet werden.

Beispiel: Wenn jemand mit verschränkten Armen vor Ihnen sitzt, muss das noch lange nicht heißen, dass er Sie nicht mag.

Vielleicht ist ihm die neue Umgebung etwas unheimlich; vielleicht ist ihm kalt; vielleicht hat er körperliche Beschwerden, weshalb er diese Körperhaltung einnehmen muss. Eine eindeutige Deutung ist hier nur bedingt möglich!

Aber: Wenn Sie etwas tun oder sagen, und auf diese Aussage hin verschränkt das Gegenüber die Arme vor der Brust, können Sie mit ziemlicher Sicherheit davon ausgehen, dass diese Reaktion wegen Ihrer Aktion ausgeführt wurde.

Und dann ist sie deutbar!

23

Körperhaltung – Kriterien der Wahrnehmung

Viele Menschen glauben, eine aufrechte Haltung zu haben. Subjektiv gesehen mag das stimmen, aber objektiv betrachtet muss das nicht immer so sein. Die Haltung eines Menschen, die durch das Skelett und die Muskeln beeinflusst wird, geschieht sozusagen aus dem Unterbewusstsein heraus.

Wenn Sie die eine oder andere Redewendung betrachten, sehen Sie, dass die körperliche Haltung unmittelbar mit dem Gemütszustand übereinstimmen kann.

Ein aufrechter Mensch geht gerade durchs Leben. Er weiß, was er will.

Er steht mit beiden Beinen fest im Leben und ist von seinem Standpunkt nicht abzubringen.

Er ist energisch und überzeugend.

Er ist von Gram gebeugt, hat Schweres auf seine Schultern geladen.

Sorgen drücken auf seine Stimmung.

Kapitel 1 – Verbale und nonverbale Sprache

Wie deuten Sie die Haltung folgender Figuren? Bevor Sie weiterlesen, geben Sie hier – oder auf einem Blatt oder im Smartphone – die nach Ihrer Meinung passenden Charaktereigenschaften der unten abgebildeten Personen an:

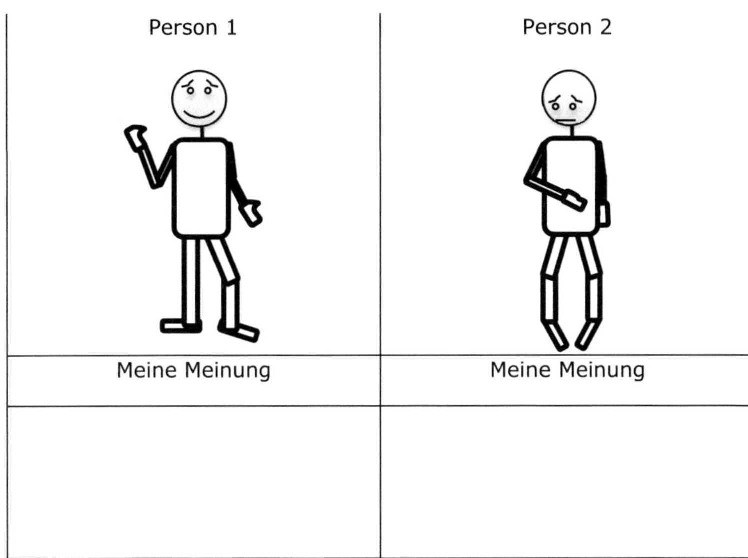

Eine eindeutige Aussage ist natürlich nicht möglich. Aber eine wahrscheinliche Erklärung können Sie geben.

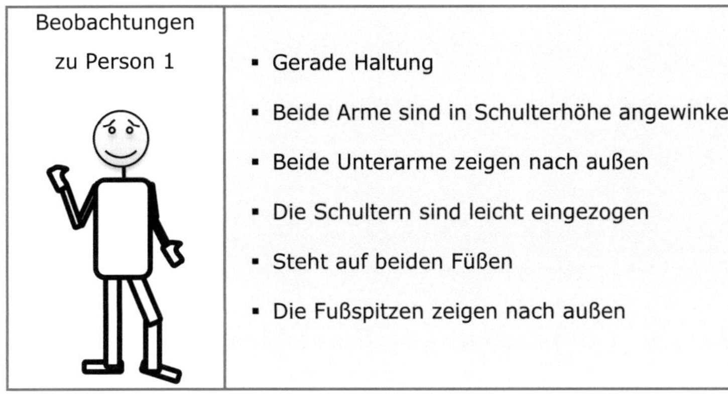

- Gerade Haltung
- Beide Arme sind in Schulterhöhe angewinkelt
- Beide Unterarme zeigen nach außen
- Die Schultern sind leicht eingezogen
- Steht auf beiden Füßen
- Die Fußspitzen zeigen nach außen

<table>
<tr><td rowspan="2">Beobachtungen zu Person 2
</td><td>• Gebeugtes Rückgrat – nach vorn gebeugte Haltung</td></tr>
<tr><td>• Eine Hand liegt vor dem Bauch
• Ein Arm hängt seitlich leicht nach hinten weg
• Der Kopf und dadurch die Augen zeigen nach unten
• Die Füße stehen nebeneinander, wobei die Fußspitzen zueinander zeigen</td></tr>
</table>

Mögliche Deutung zu Person 2:

• depressive, leicht gebückte Person	• vertritt kaum eine eigene Meinung
• zeigt wenig Handlungsbereitschaft	• sagt immer „Ja" (Jasager) und wird deshalb gerne ausgenutzt
• zieht sich gerne zurück	• ist kein ‚Erfolgsmensch'
• ist scheu	• weiß nicht, wie sie handeln soll
• ist zu bescheiden	• ist unentschlossen, fragend
• hält den Kopf ‚vor' den Körper, um die Situation zu prüfen und sich gegebenenfalls zurückziehen zu können	• zeigt wenig Eigeninitiative, hat ‚Angst' vor Entscheidungen

• vermeidet Blickkontakt und wirkt deshalb verschämt, gehemmt oder als ‚die Unwahrheit sagend'	• versteckt sich gerne hinter der Meinung anderer
• hat wenig Freunde	• wartet ab und wird deshalb kaum als Erste eine eigene Meinung äußern
• zweifelt an sich selbst, hat vielleicht eine resignierte Lebenseinstellung	

Meistens stimmt Ihr Gefühl mit den tatsächlichen Eigenschaften überein. Sie spüren sozusagen aus dem Unterbewusstsein heraus, wen Sie vor sich haben – und in welcher Stimmung die Person ist.

Die menschliche Ausstrahlung – das Menschometer

Ohne mit einem Menschen gesprochen zu haben, ‚bewerten' Sie bereits das Gegenüber.

Sie sollten jedoch nicht vergessen, dass Sie sich in allerhöchstens nur sieben Sekunden bereits aufgrund Ihrer Erfahrungen, die Sie im Leben sammelten, ein Bild Ihres Gegenübers machen.

Und das, ohne irgendein Wort gewechselt zu haben.

Verständlicherweise wird sich das eigene Verhalten dem Menschen gegenüber ändern oder anpassen, je nachdem, welchen Eindruck Sie von ihm haben.

So lässt sich das Vorgehen mit einem inneren Thermometer vergleichen, das ein Mensch in sich trägt. Dieses innere Thermometer soll ‚Menschometer' genannt werden.

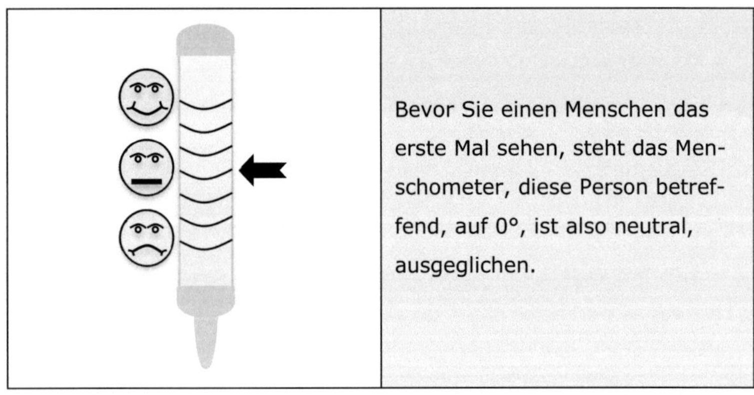

Bevor Sie einen Menschen das erste Mal sehen, steht das Menschometer, diese Person betreffend, auf 0°, ist also neutral, ausgeglichen.

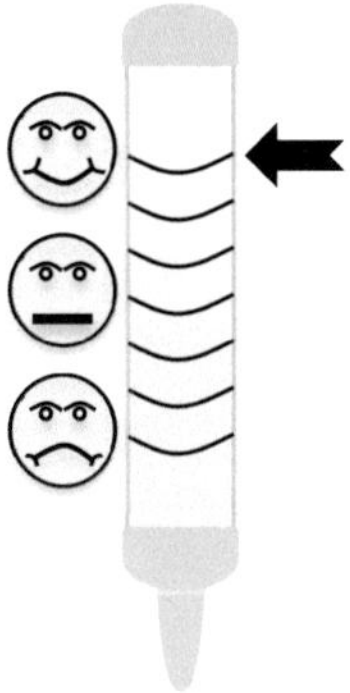

Ist das Erscheinungsbild, die Ausstrahlung des Gegenübers positiv, wird sich das Menscho-meter in den positiven ‚grünen‘ Bereich bewegen.

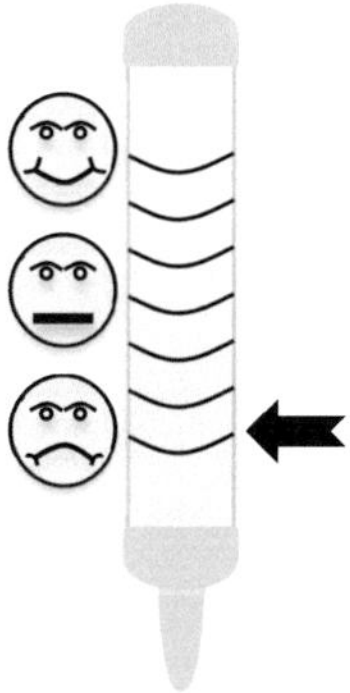

Anderenfalls wird es in den ne-gativen ‚roten‘ Minusbereich fal-len.

Welche der beiden Personen, links oder rechts, wird es nun wohl leichter haben zu überzeugen?

Na ja, die links abgebildete Person natürlich. Durch die positive, ‚grüne‘ Grundhaltung bedingt, nehmen Sie die Aussagen dieser Person ebenso dankbar wie positiv auf. Das Menschometer steigt weiter.

Stellen Sie sich die Situation des Redners vor. Der Gesprächspartner hat ein Menschometer im Kopf, das gespannt auf Ihre Erscheinung wartet.

Ihr Ziel als Präsentierender wird es wohl sein, eine positive Atmosphäre zu schaffen, die den Gesprächspartner von Ihrer Aussage (aber auch von Ihrer Persönlichkeit) überzeugen wird.

Je ‚grüner‘ der erste Eindruck, desto erfolgreicher der folgende Gesprächsverlauf!

Selbstverständlich können Sie auch aus dem roten Bereich heraus operieren. Vielleicht sind die Teilnehmer von Ihrem Vorredner, von den Raumbedingungen oder aus einer bestimmten Situation heraus bereits im roten Bereich angelangt.

Sie können – und sollten – es schaffen, die Teilnehmer durch Ihre eigene Ausstrahlung vom roten Bereich erst in die neutrale Menschometer-Position und anschließend sogar in den grünen Bereich zu manövrieren.

Allerdings kostet das sehr viel Energie, körperlich und psychisch, aber auch Zeit, die verwendet und verschwendet wird.

Vielleicht ist es Ihnen auch schon passiert, dass Sie die Zuhörer nicht in den grünen Bereich bringen konnten.

Das ist für alle Beteiligten eine sehr unbefriedigende Situation. Kritiken werden scharf geäußert. Die Teilnehmer blockieren und boykottieren den Redner, wo sie nur können.

Es entwickelt sich ein Gruppenkampf gegen den Sprecher, den dieser verlieren muss und auch verlieren wird. Dann ist alles Fachwissen umsonst.

Mimik, Gesichtszüge

Unter Mimik werden die sichtbaren Bewegungen der Gesichtsoberfläche verstanden (mimische Muskulatur). Speziell spielt hier die Augenregion und die Mundpartie eine wichtige Rolle.

Sehr deutlich zeigt sich die Körpersprache in der Mimik einer Person. Hier tut sich sehr viel, sehr schnell. Im Gesicht eines Menschen ist eine Vielzahl von Gesichtsmuskeln am Mienenspiel beteiligt.

Es wird sogar behauptet, dass die Mimik bei älteren Menschen verrät, wie sie ihr Leben gelebt haben. Ist da was dran? Sie kennen den strahlenden gelben Smiley. Nur ein Kreis, zwei Punkte und ein gebogener Strich als Mund.

Betrachten Sie diesen Smiley, hier durch Augenbrauen ergänzt, doch einmal ganz genau und aufmerksam. Welche Gefühle erzeugt der Smiley in Ihnen?

Wie sind Ihre Gefühle beim Betrachten des Smileys?

Ich fühle mich:

• sicher, beruhigt	• akzeptiert als Mensch
• freundlich	• positiv beeinflusst
• angenommen	• fröhlich, glücklich
• willkommen	• lebensfroh

Und das alles nur aufgrund eines Strichgesichts (also noch nicht einmal eines Strichmännchens).

Der Vollständigkeit halber und um den Gegensatz auszudrücken, hier der zweite Smiley.

Nur der Mundstrich wurde gespiegelt. Und schon ergibt sich ein total anderes Bild.

Schauen Sie sich auch dieses Gesicht genau an und lassen Sie es auf sich wirken. Vielleicht sagen Sie, dass dies alles keine neue Erkenntnis für Sie ist.

Trotzdem ist das erneute Bewusstwerden dieser grundsätzlichen Beobachtungen doch fast unglaublich, oder?

Möchten Sie mit einem Menschen zu tun haben, der Ihnen wie der zweite Smiley entgegentritt?

Glauben Sie, ein Gesprächspartner möchte gerne mit Ihnen zusammenarbeiten, wenn Sie ihm mit solch einer Ausstrahlung entgegentreten?

Lächeln entwaffnet

Lächeln entwaffnet! Lächeln bringt das Gegenüber in den grünen Bereich! Lächeln lässt die eigenen Ideen leichter verkaufen (Ideen, Themen, Waren, Leistung usw.).

Wenn Sie allein aufgrund der Mundpartie, die bei den beiden Smileys mit einem einfachen gebogenen Strich dargestellt wird, bereits so verschiedenartige Gefühle haben – wie sieht es dann in einem menschlichen Gesicht aus, in dem unendlich viele Nuancen erzeugt und wahrgenommen werden können!

Wer überzeugt und selbstsicher durch das Leben geht, wird in seiner Mimik seinen Erfolg sichtbar machen.

In Verhandlungen mit einem potentiellen Auftraggeber werden Sie viel bessere Konditionen erzielen als Ihre Mitbewerber! Und das nicht nur einmal, sondern ständig. Ihr gesamtes (Berufs-)Leben lang.

Und Ihr Erfolg im Vortrag ist fast schon zwingend vorgeschrieben!

Blickkontakt, Augenkontakt

Durch die Augen sehen Sie sozusagen in das Innere des Menschen.

Stimmt das? Nun, die Augen des Gegenübers verraten sehr viel. Sie können glänzen, sie können trocken wirken. Sie blicken fragend, bohrend, verträumt, verliebt, böse …

Die Pupillen sind eng oder geweitet, die Augen sind zu Schlitzen verengt oder weit aufgerissen.

Wird der Blickkontakt zum Gesprächspartner gehalten, gehen die meisten Menschen von Offenheit und Aufmerksamkeit aus.

Nach unten gerichtete Augen lassen auf Hemmung, Scheu, Traurigkeit, aber auch auf Schwindeleien tippen. „Der kann mir nicht in die Augen schauen."

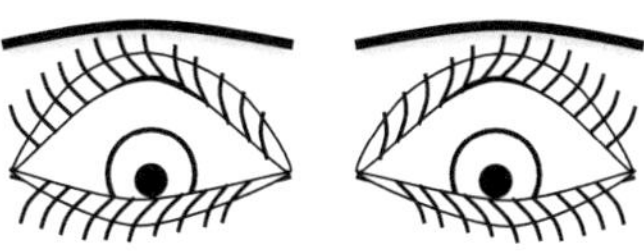

Bleibt der Blick zu lange fixierend auf das Gegenüber gerichtet, dann tritt allerdings auch wieder Unbehagen ein.

Der Gesprächspartner wird nervös oder gar aggressiv. Das Gegenüber scheint stärker zu sein, als der Gesprächspartner sich fühlt.

Deshalb: Reden Sie zu anderen, halten Sie immer wieder Augenkontakt. Vermeiden Sie aber das ständige Fixieren.

Gestik, Motorik

Die Gesamtheit der Hand-, Arm-, Fuß- und Beinbewegungen, sowie die des Kopfes wird als Gestik bezeichnet.

Eine einzelne Bewegung wird als Geste bezeichnet. Das Wort Geste kommt aus der lateinischen Sprache ‚gestus‘, ‚gerere‘ und bedeutet so viel wie ‚zur Schau tragen‘. Die Gesten sollen gezeigt und von anderen gesehen werden

Unter Motorik wird die genaue Bewegung, zum Beispiel das Bewegen der Finger beim Griff nach einer Tasse oder das Halten eines Schreibstiftes verstanden.

Der Einsatz der Finger, um einen Text mit der Hand zu schreiben, wird als Feinmotorik bezeichnet.

Daumen und Zeigefinger vereinen eine Unmenge von Nervenzellen. Sie können beim Streichen mit den Fingern über Oberflächen neben der Temperatur auch genaue Eigenschaften aufnehmen.

Ist die Oberfläche aus Stein, aus Holz, aus Stoff? Ist sie glatt, angeraut, grob? Trocken oder feucht? Liegt auf der Oberfläche eine Brotkrume oder eine Staubfluse?

Um ‚begreifen‘ zu können, müssen Sie nach den Dingen ‚greifen‘. Nicht umsonst hören Sie immer wieder die verzweifelten Ausrufe junger Mütter in Geschäften, sobald der Nachwuchs etwas anfassen möchte:

• „… lass die Finger davon …“	• „… nur mit den Augen gucken …“
• „… nicht anfassen …“	• „… nur schauen, nicht greifen …“

Die Wendeltreppe

Die Finger – und damit die Hände – sind also extrem wichtig, um die Welt zu verstehen, zu begreifen. Deshalb können Sie mit den Händen auch viel mehr aussagen als mit Worten.

Bitten Sie jemanden zu erklären, was eine Wendeltreppe ist. In fast allen Fällen wird die Wendeltreppe mit den Fingern nachgezeichnet.

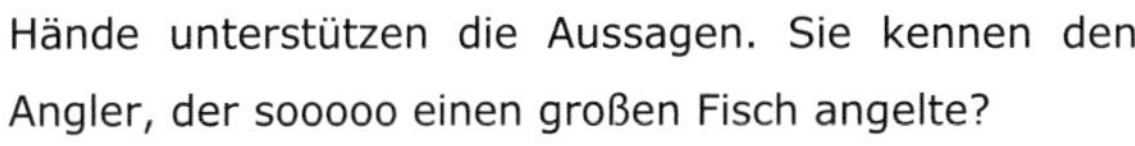

Die Beschreibung mit den Fingern ist ausdrucksstärker, sicherer und einfacher als umständlich mit gesprochenen Wörtern.

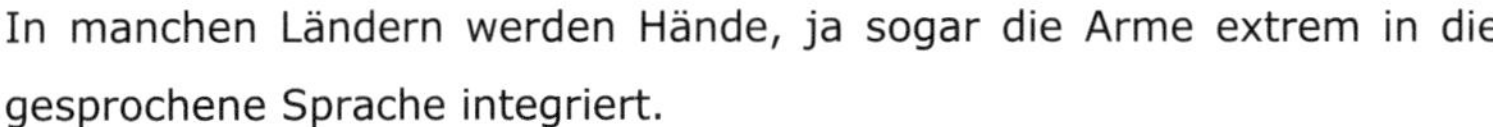

Hände unterstützen die Aussagen. Sie kennen den Angler, der sooooo einen großen Fisch angelte?

In manchen Ländern werden Hände, ja sogar die Arme extrem in die gesprochene Sprache integriert.

Stellen Sie sich einen Italiener vor, der eine hübsche Person oder eine appetitanregende Speise beschreibt.

Menschen in hiesiger Kultur sind oft zurückhaltender. Sie haben manchmal regelrechte Schwierigkeiten, ihre Hände während des Sprechens unterstreichend einzusetzen.

Lebhafter Einsatz

Ohne den gezielten Einsatz der Hände wird die Kommunikation, der Vortrag beziehungsweise die Präsentation allerdings auch ‚gefühlskälter' und ist schwieriger zu verstehen.

Ein geschulter Redner wird deshalb seine Gestik gezielt einsetzen, um verbale Aussagen verständlicher und damit bildhafter zu gestalten.

Im Interesse des Gesprächspartners sollten Sie allerdings vermeiden, vor diesem herumzuhampeln.

Inzwischen ist es kein Geheimnis mehr, dass unbewegte Hände und Arme die Gehirnarbeit blockieren.

Bewegung der Arme und Gehirnarbeit stehen also in unmittelbarem Bezug zueinander.

Zeigen Sie sich lebhaft, arbeitet Ihr Gehirn aktiver.

Nonverbale Fragen und Antworten

Wie immer soll es das Ziel des Redners sein, die Bedürfnisse des Gegenübers zu erkennen.

Sprechen Sie an den Bedürfnissen vorbei, haben Sie das Ziel verfehlt.

Deshalb beobachten Sie ständig die Reaktionen der Dialogpartner auch in der Hinsicht: „Hat mich mein Gegenüber überhaupt verstanden? Wo habe ich mich unklar ausgedrückt?"

Bekannte nonverbale Signale als Fragen und Antworten sind zum Beispiel:

▪ Das Hochziehen der Schultern und möglicherweise das gleichzeitige Zur-Seite-Schauen. ▪ „Weiß ich nicht, frage mich nicht."
▪ Das Hochziehen der Augenbrauen mit gleichzeitigem Runzeln der Stirn. ▪ „Ist das wohl wirklich so? Ist das wirklich wahr?"
▪ Das Nicken mit dem Kopf. ▪ „Ja, stimmt. Diese Beobachtung habe ich an anderer Stelle bereits gemacht."
▪ Das Runzeln der Stirn mit zusammengepressten Augenlidern. ▪ „Bitte erkläre mir das noch einmal."

- Den Kopf wiegen.

- „Ob das wirklich so stimmt?"

- Das Zur-Seite-Drehen der Augen auf eine dritte Person hin und anschließendes Verdrehen der Augen.

- „Der/die ist wohl ein bisschen verrückt."

- Das Aufreißen der Augen.

- „Ist das wirklich wahr? Das kann ich gar nicht glauben!"

Nehmen Sie solche nonverbalen Hinweise wahr, können Sie sie verbalisieren.

Physiognomie (Gesichtsausdruck)

Glauben Sie den Forschern Duisky und Psypich, schafft sich ein Mensch, wenn er sich ein statisches Bild einer Versuchsperson anschaut, bereits nach ¼ Sekunde ein dezidiertes (entschiedenes, energisches, bestimmtes) Vorurteil (den Ersten Eindruck).

Die Empfindungen sind gefühlsbetont. Die Versuchsperson erscheint zum Beispiel als sympathisch, autoritär, hinterhältig, intelligent, langweilig und so weiter.

Auch nach längerer Betrachtung ändert sich das selbst geschaffene (schöpferisches Schaffen) Bild kaum oder selten. Demnach müsste im Gegensatz zu einem statischen Bild ein bewegtes Bild einer Versuchsperson den Betrachter noch viel stärker beeinflussen (Quelle: Spiegel 50/99).

Blitzschnelle Bildung der eigenen Meinung

Eine Viertelsekunde erscheint als sehr wenig Zeit. Andere Untersuchungen gehen von zwei bis drei Sekunden aus und wieder andere von den weiter vorn erwähnten sieben. Soll es bei der relativ hohen Zahl Sieben als symbolische Zahl bleiben.

Sie wissen, in nur maximal 7 Sekunden entscheidet sich, ob Sie Ihr Gegenüber sympathisch finden oder nicht. In nur 7 Sekunden!

Von diesen 7 Sekunden hängt häufig sehr viel ab; ein erfolgreich verlaufendes Verkaufsgespräch, ein optimales Vorstellungsgespräch oder ganz einfach auch nur eine positive Atmosphäre bei dem Mitmenschen im Beruf wie im privaten Bereich.

Diese Sekunden vermitteln den ersten Eindruck, den das Gegenüber erhält.

Eine zweite Chance zum ersten Eindruck gibt es verständlicherweise nicht! Deshalb sind diese 7 Sekunden so außerordentlich wichtig für miteinander Kommunizierende.

Erwartungshaltung und Beurteilung

Geschäftspartner, Kunden und Gäste erwarten vom heutigen Redner weit mehr als reines Fachwissen und Berufserfahrung. Die persönliche Note wird immer gezielter gefragt. Eine der Zeit angepasste Umgangsform entscheidet oft über den Abschluss eines Geschäftes.

Wie in einem Vorstellungsgespräch – unabhängig von der Dauer des Gesprächs – fällt bereits nach (etwa) vier Minuten die Entscheidung zum Kauf.

Professionelles und menschliches Auftreten

Das zeigt, dass offensichtlich die menschliche Komponente einen ausgesprochen starken Einfluss auf das Gegenüber hat.

Natürlich muss der erste Eindruck nicht zwangsläufig korrekt sein; das ist fast unmöglich. Vielleicht ist der Mensch ganz anders als er erscheint.

Aber vor allem: Sie haben in kürzester Zeit einen Eindruck gewonnen. Und aus Ihrer Sicht – also subjektiv gesehen – gilt der erste Eindruck als richtig.

Sie haben einen Menschen als aufrichtig, gehemmt, freundlich, selbstbewusst, verkaufsorientiert handelnd und so weiter eingeschätzt.

Wie kann es sein, dass Sie einen Menschen in so kurzer Zeit einschätzen? Vielleicht hat die Person noch gar nichts gesagt!

Mit anderen Worten scheinen Sie auf Dinge, Elemente, Ausstrahlungen, die nicht-gesprochen also nonverbal erfolgen, zu reagieren.

Bei Versuchen wurde sogar herausgefunden, dass ein Mensch, der (auf einem Bild) seinen Kopf neigt als demütig, der, der den Kopf hebt als überheblich bis arrogant eingeschätzt wird.

Der Mensch handelt menschlich

Natürlich handelt der Mensch menschlich. Deshalb bildet er sich einen ersten Eindruck – er ist ja kein Computer, der gefühl- und emotionslos agiert.

Die Gefahr der Missdeutung besteht allerdings darin, dass er einen falschen – möglicherweise absolut falschen – Eindruck von einer Person bekommt.

Daraus folgt, dass ein anschließendes Gespräch nicht unbedingt optimal verlaufen würde.

Neben dem ‚greifbaren' Erscheinungsbild des Betrachteten (Geschlecht, Körperbau, Hautfarbe, Haarstruktur, Größe, Alter, Körpersprache und andere) sowie ‚Dingen' (Frisur, Schmuck, Kleidung, Accessoires und so weiter) und die ‚nicht greifbare' Erscheinung (Charisma, Umgangsformen, Authentizität, Auftreten und andere), beeinflussen aber auch eigene persönliche Komponenten (eigene Tagesstimmung, Werte, Vorurteile, Erwartungshaltungen) den ersten Eindruck.

Mit anderen Worten reagiert der Mensch auf mindestens vier umfangreiche nonverbale Bereiche:

- greifbare Erscheinungsbild

- Dinge

- nicht greifbare Erscheinung

- eigene persönliche Komponenten

Sie können sich das nicht vorstellen? Nach einer solch kurzen Zeit schätzen Sie jemanden noch nicht ein?

Na, dann können Sie mal ein kleines Spiel spielen. In diesem Spiel sind Sie Mitarbeiter/in in einem Reisebüro.

Das Reisebüro

Stellen Sie sich vor, Sie sitzen an Ihrem Schalter in Ihrem Reisebüro. Es ist nicht allzu viel zu tun. Ihr Reisebüro befindet sich in einer mittelmäßig benutzten Fußgängerpassage.

Durch große Schaufenster schauen Sie direkt auf die Fußgängerpassage.

Plötzlich sehen Sie einen – circa 35-jährigen drahtigen Mann – auf Ihr Reisebüro zueilen. Er scheint etwas unter Stress zu stehen.

Seine Haare sind zerzaust, in beiden Händen hält er je eine Tragetasche eines Supermarktes.

Hinter ihm sehen Sie eine etwa gleichalte Frau, die einen Kinderwagen vor sich herschiebt. Mit einer Hand zerrt sie ein Kleinkind neben sich her. Der junge Mann betritt Ihr Reisebüro.

Ende der gedanklichen Vorstellung.

Nun die Aufgabe: Überlegen Sie bitte, welches Reiseziel für diesen Herrn (Kunden) Ihnen geeignet erscheint. Notieren Sie einen Reiseort, ein Reiseziel und geben Sie gegebenenfalls eine kurze Begründung für Ihre Wahl.

Reiseziel:

→

Begründung:

→

Sie haben sich entschieden? In den Seminaren des Autors kommt als Antwort sehr häufig vor:

- Mallorca, da preiswert und nicht weit entfernt. Oder:
- Nord- beziehungsweise Ostsee, weil schnell zu erreichen. Oder:
- Ferien auf dem Bauernhof wegen der Kinder.

Viele Ziele dieser oder ähnlicher Art werden gewählt. Haben auch Sie solch ein Ziel gewählt?

Die Frage: Weshalb haben Sie (und die Teilnehmer in den Seminaren) sich für Ziele dieser Art entschieden? Antwort:

- Der Mann erscheint gestresst, der Mann braucht Ruhe, er hat nicht viel Geld ([Plastik-]tüten), er muss preiswert verreisen wegen der Kinder.

Wegen der Kinder? Welche Kinder? „Ja, die Frau mit dem Kinderwagen und dem Kind …"

Gehört die Frau mit dem Kinderwagen zu diesem Herrn, der das Reisebüro betreten hat?

Sie wissen es nicht, es wurde in der Geschichte nicht gesagt. Aber, im Gedächtnis bildet sich ein entsprechendes Bild, nämlich das Bild eines Mannes, der gestresst ist, offensichtlich nicht zu viel Geld hat, der wahrscheinlich ein junger Familienvater ist und stressfreie Erholung sucht.

Gedanklich haben Sie also bereits die Hand an einem entsprechenden Reisekatalog liegen.

In Wirklichkeit kann es aber sein, dass dieser Mann einen Katalog für eine Kreuzfahrt für seine Mutter besorgen will, die gerade in einem Preisausschreiben einen großen Batzen Geld gewonnen hat. Oder die ihre Lebensversicherung, die ihr ausgezahlt wurde, verprassen möchte.

Wenn es Ihnen ähnlich ergangen ist wie vielen Seminarteilnehmern, belegt das, dass Sie Ihren ersten Eindruck lediglich aufgrund einer beschriebenen Geschichte gewonnen haben.

Und das offensichtlich in weniger als sieben Sekunden.

Mit der Wertung warten

Der Appell lautet: Soweit es möglich ist, nicht sofort impulsiv entscheiden. Geben Sie Ihrem Gegenüber einige Sekunden Zeit, sich zu profilieren.

Diese Vorgehensweise ist nicht ganz einfach (denn Sie sind ein Mensch und kein Computer), hilft Ihnen aber möglicherweise, Enttäuschungen oder Fehlentscheidungen zu minimieren.

Der erste Eindruck des Präsentierenden

Wie oben beschrieben wurde, wird der erste Eindruck von unzählbaren Signalen beeinflusst.

Treten Sie als Vortragende/r vor Ihr Publikum, bildet dieses sich ruckzuck den ersten subjektiven Eindruck von Ihnen. Das Publikum lässt sich beeinflussen von:

• Erscheinungsbild	• Alter
• Kleidung: gepflegt, modern, sauber, Farbe	• Haare: Farbe, gepflegt, kurz, lang
• Schmuck: Behängt wie ein Christbaum? Gepierct an allen möglichen und unmöglichen Stellen? Modeschmuck oder gar kein Schmuck?	• Blickkontakt: Schaut demütig nach unten? Schaut gelangweilt nach oben? Schaut Sie direkt an? Ein Lächeln um den Mund? Lächeln entwaffnet! …
• Make-up: Passend, die Persönlichkeit unterstreichend, zu ‚dick' aufgetragen?	• Auftreten: Selbstbewusst, begeistert, informiert, gehemmt?

Das sind nur einige Kriterien, die das Erscheinungsbild im Sinne des ersten Eindrucks beeinflussen. Glauben Sie, dass ein Gesprächspartner, der den Eindruck gewinnt, dass Sie gelangweilt, hochnäsig, müde, frustriert, verärgert und so weiter erscheinen, gerne mit Ihnen zu tun hat?

Glauben Sie, dass nach solch einem Eindruck eine Gesprächsrunde erfolgreich verlaufen kann?

Wohl kaum. Und weshalb nicht?

Die sich selbst erfüllende Prophezeiung

Es gibt den sogenannten Effekt der ‚sich selbst erfüllenden Prophezeiung'. Was bedeutet das?

Stellen Sie sich vor, Ihr Zuhörer erhielt einen positiven Ersten Eindruck von Ihnen.

Sie haben allen Grund anzunehmen, dass das Gegenüber ein freundlicher, aufgeschlossener Mensch ist, der Interesse an Ihrer Präsentation zeigt und Zeit sowie Energie (und Geld) aufbringt, um Sie sehen und hören zu können.

Als Gesprächspartner fühlen Sie sich beide wohl, Sie fühlen sich gegenseitig beachtet. Sie (und viel wichtiger – Ihr Zuhörer) sind bereits zufrieden gestellt, ohne dass irgendein Verkauf (im Sinne der Präsentation) geschah. Und das ist außerordentlich wichtig für Sie.

Der erste Eindruck war positiv, gegebenenfalls sogar sehr positiv. Ihr Zuhörer fühlt sich beachtet und hat den Eindruck, dass das, was er wünscht, ebenso positiv behandelt wird.

Vorhergesagtes erfüllt sich

Es greift bereits der Effekt der ‚sich selbst erfüllenden Prophezeiung'. Nämlich: Der Gesprächspartner erwartet – und ist jetzt sicher – dass das Verkaufsgespräch (die Präsentation) erfolgreich verlaufen wird.

Damit Sie es sich noch einmal vor Augen führen: Sie haben lediglich einen positiven ‚Ersten Eindruck' aufgebaut.

Ist es nicht schön für Sie, wenn Sie nach erledigter Arbeit nach Hause gehen, zufrieden sind, und sich freuen über die vielen netten Teilnehmer/Zuhörer, die Sie heute hatten?

Sieht die Realität immer so aus? Ist es nicht schon vorgekommen, dass Sie sich zu Hause über die bösen, bösen, bösen ‚Kunden' oder ‚Zuhörer' beschwert haben, die immer mit ihren Extrawünschen und anderen Meinungen auftreten?

Nein, das <u>kann</u> mal vorkommen, aber die Regel darf es nicht sein.

Sicherlich haben Sie auch schon die Aussage gehört: ‚Servicewüste Deutschland‘. Ist da was dran? Na ja, manchmal könnte das angenommen werden.

Jeder, der will, kann allerdings selbst dazu beitragen, dass es anders/besser wird. Und nicht nur im Verkauf in den Geschäften, sondern im Verkauf und in der Präsentation.

Und der Anfang findet sich beim Ersten Eindruck. Wenn Sie mit guter, positiver Stimmung in den Tag gehen, wenn Sie den Gesprächspartner mit all seinen Bedürfnissen, Wünschen und Fragen als ‚erwachsenen‘ Gesprächspartner sehen, dann wird Ihr Tag viel harmonischer verlaufen.

Gesundheitslatschen oder Pumps

Schauen Sie sich noch einmal ein Merkmal des ‚Ersten Eindrucks‘ an, nämlich die Kleidung.

Natürlich ist jeder Mensch ein Individuum und kann im Prinzip das Kleidungsstück tragen, das ihm am besten gefällt.

Aber nicht unbedingt jeder Gesprächspartner mag es, wenn Sie im selbstgehäkelten Pullover und in Gesundheitsschlappen vor ihm sitzen. Auch mag nicht jeder, wenn Sie aufgedonnert sind, als ginge es zu einem Tanzball oder in den nächsten Club.

Der Gesprächspartner erwartet ein entsprechendes Kleidungs-Outfit, ein Outfit, das zum Beruf, zum Produkt, das Sie in Ihrer Präsentation anbieten und natürlich auch zum Standort des Veranstaltungsortes passt.

Haben Sie die Rolle des Moderators übernommen, wird Ihre Kompetenz auch an Ihrem äußeren Erscheinungsbild gemessen.

In den vergangenen Jahren scheint das Outfit lockerer geworden zu sein. Trotzdem entbindet diese Lockerheit nicht von gepflegter und zur Situation passender Kleidung.

Körperdistanz – Distanzzonen

Stehen sich zwei Personen gegenüber, ergibt sich der Abstand zueinander automatisch. Hiermit ist die Körperdistanz gemeint, die die beiden einnehmen.

In hiesiger Kultur beträgt der Abstand zwischen Null und bis zu etwas mehr als einem Meter. Null bedeutet die direkte Berührung der anderen Person.

Tritt jemand zu nahe an eine Person, geht diese einen Schritt zurück, um die angenehme Distanz erneut herzustellen.

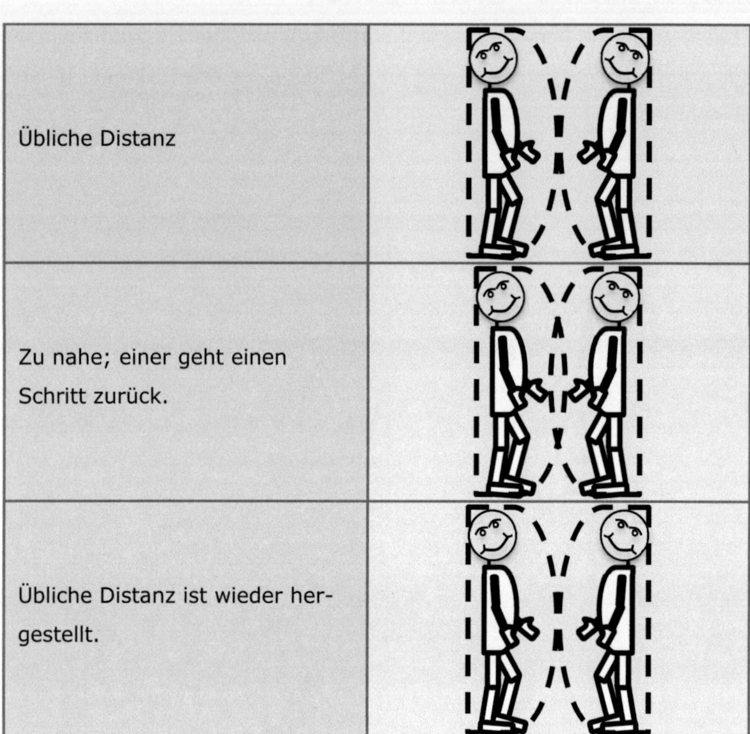

Die engste Distanzzone heißt persönliche Distanz beziehungsweise Intimdistanz.

Es ist die Distanz, die ein Mensch mühelos mit Einsatz der Arme vertei-
digen kann.

Stehen sich zwei Gesprächspartner gegenüber, wahrt ein jeder automatisch und üblicherweise die Intimdistanz des anderen.

In westeuropäischen Kulturen lassen sich vier verschiedene Distanzzonen
unterscheiden.

Kapitel 1 – Verbale und nonverbale Sprache

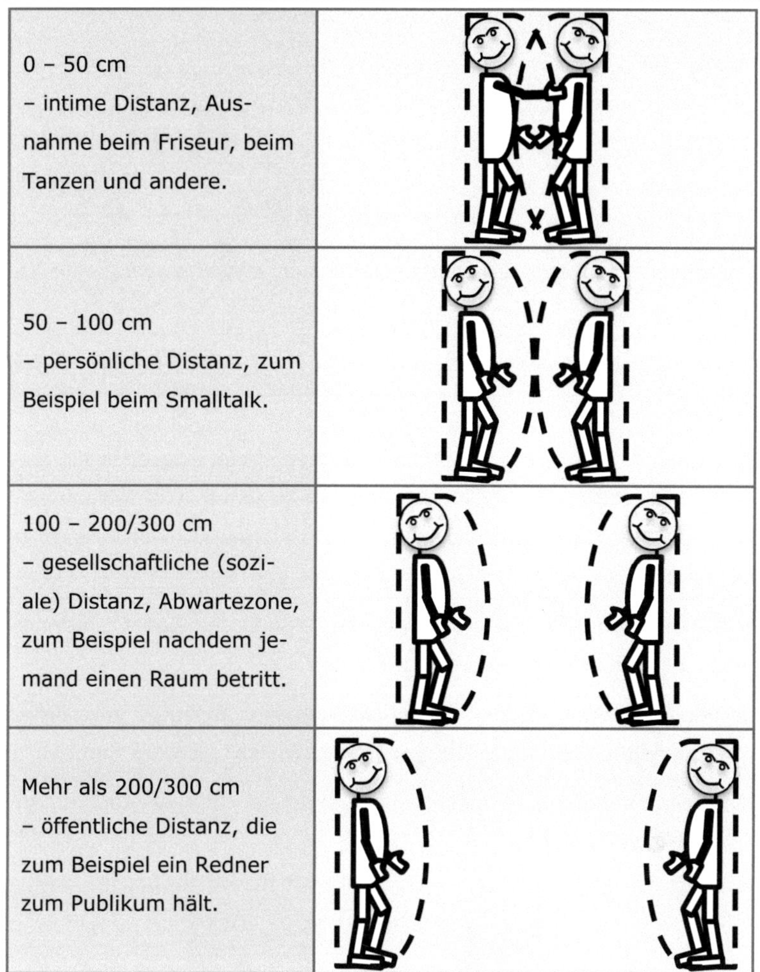

0 – 50 cm – intime Distanz, Ausnahme beim Friseur, beim Tanzen und andere.	
50 – 100 cm – persönliche Distanz, zum Beispiel beim Smalltalk.	
100 – 200/300 cm – gesellschaftliche (soziale) Distanz, Abwartezone, zum Beispiel nachdem jemand einen Raum betritt.	
Mehr als 200/300 cm – öffentliche Distanz, die zum Beispiel ein Redner zum Publikum hält.	

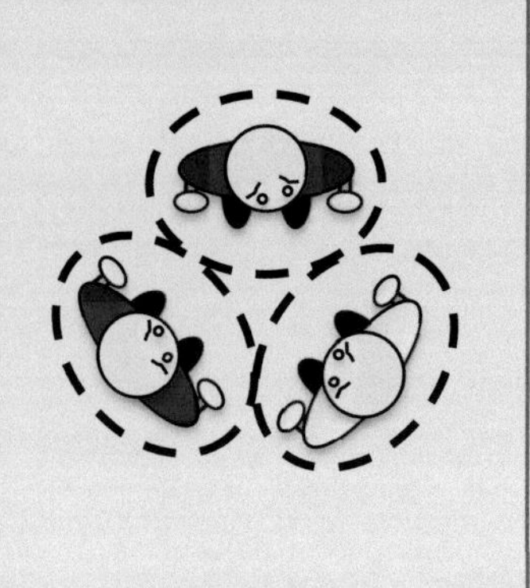

Wenn Sie einer Person gegenüberstehen, ergibt sich der Abstand anscheinend von selbst.

Zwischen den Personen sorgen die ‚Ballons' für den gewünschten Abstand.

Tritt einer näher an den Gesprächspartner heran, wird dieser etwas zurückweichen.

Wird unaufgefordert in den Intimbereich des anderen eingedrungen, entsteht eine gefühlte Bedrohung. Die Person wird sich unwohl fühlen und – wenn die Möglichkeit besteht – fliehen. Ein Austausch oder Verkauf ist nicht möglich.

Fast jeder weiß, wie unangenehm es ist, wenn in den eigenen Intimbereich unerwünscht eingedrungen wird.

Im oben erwähnten Aufzug können die Fahrgäste wegen der räumlichen Gegebenheiten die nötigte und gewünschte Distanz nicht wahren.

Sie akzeptieren die Enge notgedrungen und versuchen, die anderen Anwesenden zu ignorieren.

Deshalb starren sie verzweifelt auf die Etagenanzeige oder an die Aufzugdecke. Sie vermeiden Blickkontakt, um keine Aggression aufkommen zu lassen. Die anderen werden sozusagen ignoriert.

Sie sind glücklich, sobald der Aufzug verlassen werden kann.

Distanzzonen im Ausland

Alle beschriebenen Distanzzonen beziehen sich auf die Kulturen in Europa, in denen überwiegend die deutsche Sprache gesprochen wird, sowie im Norden Europas.

In anderen europäischen Ländern müssen die Distanzzonen nicht deckungsgleich sein zu den hiesigen.

Bekanntlich haben Bewohner des südlichen Europas weniger Hemmungen, einander zu umarmen, als es hierzulande üblich ist.

In vielen asiatischen Ländern werden noch größere Abstände zueinander eingenommen. In Südamerika kommen gesellschaftlich gewollte Berührungen – und damit kleinere Distanzzonen – viel häufiger vor.

Wer mit Menschen anderer Kulturen zu tun hat, sollte sensibler im Bereich der Distanzen vorgehen. Es wäre schade und verkaufshemmend, würden unbeabsichtigt Tabus begangen, weil zu nahe oder zu distanziert miteinander umgegangen wurde.

Privatdistanz

In bestimmten Situationen müssen Sie – fast zwangsläufig – akzeptieren, dass jemand in Ihre Privatdistanz eindringt. Unter Umständen geschieht dieses Eindringen bis an Ihren Körper, zum Beispiel beim Arzt, Masseur, Friseur und so weiter.

Das Berühren des fremden Körpers bedeutet eine extreme Missachtung/Verletzung des Intimbereichs.

Sie erlauben das nur demjenigen, dem Sie ‚intim' sehr nahestehen. Das berufsbedingte Eindringen können Sie nur dadurch akzeptieren, dass Sie diesen Menschen als Nicht-Person betrachten. In den oben erwähnten Fällen ist durch diese Betrachtung eine Null-Distanz ermöglicht.

Distanz waren

Möchte der Redner keine Aggression heraufbeschwören, soll er immer darauf achten, dass die Privatdistanz des Zuhörers respektiert wird.

Die körperliche Berührung ist sowieso tabu. Sie wird ausschließlich zur Begrüßung und zur Verabschiedung durch das Händereichen gebrochen.

Ein sitzender Teilnehmer wird Schwierigkeiten damit haben, wenn sich der Redner, vielleicht Hilfe anbietend, über ihn beugt. Der Redner wirkt dann belehrend und stark bedrohend.

Gebietsbereich

Neben der Privatdistanz gibt es den Gebietsbereich. Im Privatleben ist das die eigene Wohnung, der Garten oder der Balkon, aber auch der Bereich in Ihrem Auto und sogar unmittelbar um das Auto.

Diesen Gebietsbereich benötigen Sie, um das tägliche Leben gefahrenfrei zu leben und zu meistern.

Also gehören auch der Arbeitsplatz und der Schreibtisch zum Gebietsbereich.

Die Schreibfläche gehört deswegen zum Gebietsbereich, weil Sie dort eigene Arbeitsunterlagen ablegen und genau diese Fläche benötigen, um zu arbeiten und zu lernen.

Deshalb sollte der Kunde/Gast/Besucher sich nicht auf diese Schreibfläche mit den Händen aufstützen oder sich gar auf diesen Tisch setzen.

Das bedeutet ein deutliches Eindringen in den Gebietsbereich und wird dementsprechend negativ empfunden.

Gibt der Gesprächspartner dem Gegenüber nicht die Möglichkeit, einen eigenen Gebietsbereich aufzubauen, wird in der Regel das Gegenüber äußerst vorsichtig, aufmerksam, eventuell sogar gehemmt agieren.

Manche Gesprächspartner wünschen diese Situation, vielleicht, weil sie damit automatisch eine stärkere Position und damit Machtstellung erreichen.

Paraverbale Kommunikation

Neben der verbalen und der nonverbalen Kommunikation gibt es den erwähnten Bereich der paraverbalen Kommunikation.

So üben unterschiedliche Sprechweisen einen großen Einfluss auf die verbale Aussage aus und beeinflussen dadurch die Zuhörer.

Der Vortragende kann eine monotone, einschläfernde Sprechweise wählen. Das Gegenüber wird sich sehr darüber freuen, weil es bald in einen erlösenden Schlaf fallen kann …

Stellen Sie sich diese Sprechweise auf längere Zeit vor. Eintönig. So wie der Inhalt der Präsentation, der Aussage?

Die monotone Sprechweise hat keine Höhen und Tiefen. Je gleichförmiger die Sprechweise ist, desto ermüdender wird das Gesagte empfunden.

Auch eine wellenartige Sprechweise mit immer gleichen Höhen und Tiefen wird eher an den liturgischen Choral in der Kirche als an einen dynamischen Vortrag oder an eine beeindruckende Präsentation erinnern.

Daraus folgt, dass das Sprechverhalten dynamisch sein sollte. Die dynamische Sprechweise kennzeichnet sich durch unterschiedliche Betonung, mal laut unterstreichend, mal leise Aufmerksamkeit heischend aus.

Sprechen Sie mal etwas langsamer, mal etwas schneller.

In dieser Abwechslung der Tonfälle spiegelt sich die Vielfältigkeit des Themas wider. Der Zuhörer ist aufmerksam, weil er nie wissen kann, was als Nächstes geschehen wird. Ganz im Gegensatz zu den beiden zuerst genannten Ausdrucksweisen.

Es ist außerdem ratsam, den Redefluss hin und wieder durch Sprechpausen zu unterbrechen, da diese positiv auf die Konzentrationsfähigkeit des Gegenübers wirken können.

Der Profi spricht klar, deutlich und sauber. Was nutzt die schönste Fachinformation, wenn sie genuschelt oder unverständlich vermittelt wird?

Bringen Sie Leben in die Sprache. Da Ihr Thema aktuell und lebendig ist, orientiert sich daran auch die Aussagekraft ihrer Ausführungen: Mal

▪ sachlich – bestimmt – ab-schließend	▪ erfreut – lustig
▪ fragend – zweifelnd	▪ ironisch – sarkastisch
▪ traurig – nachdenklich ma-chend	

Unter ‚darstellend' ist zu versehen, dass eine verbale Aussage nonverbal bildlich gemacht wird.

Benutzen Sie dazu das sehr große Repertoire der Körpersprache. Je bewegter ihre Sprechweise ist, desto bewegter und damit aussagekräftiger wird die auf die Zuhörer!

Diese werden es Ihnen danken.

55

Kapitel 2

Deutungen der Körpersprache
Kopf

„Immer freundlich lächeln!"

„Lächeln ist die eleganteste Art,
seinen Gegnern die Zähne zu zeigen. "
Werner Paul Walther Finck, dt. Kabarettist
(1902 - 1978)

Der gut organisierte Kopf

Alle fünf menschlichen Sinne werden über Organe am Kopf wahrgenommen: Sehen, Hören, Riechen, Schmecken und Tasten. Vier davon ausschließlich dort. Wobei Tasten über die Haut am kompletten Körper funktioniert.

Damit der Mensch gut wahrnehmen kann, braucht er einen gut organisierten Kopf.

Kein Wunder, dass in der Kommunikation die Organe am Kopf eine ausschlaggebende Rolle spielen.

Das Gesicht nimmt am Kopf wiederum den wichtigsten Bereich ein. Auf überschaubarer Fläche spielen Augen, Nase, Mund und die umgebenden Muskeln ein beeindruckendes Zusammenspiel.

Beispielsweise wird die Stirn gerunzelt, die Augenbrauen hochgezogen, die Lider weit aufgerissen, die Lippen mit der Zunge befeuchtet und vieles weitere mehr.

Durch dieses Zusammenspiel werden Emotionen wie Freude, Ekel, Trauer und andere ausgedrückt, die vom Gegenüber (ab-)gelesen werden können.

Das Lächeln zeigt beispielsweise Zuneigung und Zustimmung. Es bereitet die Basis für eine angenehme Arbeits- und Gesprächsatmosphäre.

Dabei können die Lippen die Zähne entblößen, was das Lächeln strahlender erscheinen lässt.

Werden hingegen zu viele Zähne gezeigt, kann das auch ein Hinweis auf Stärke bedeuten. Sie können eine gewisse Drohung im Sinne von „Tue mir nichts – ich kann beißen" signalisieren.

Treffen zwei Personen im Beruflichen oder Gesellschaftlichen aufeinander, erfolgt in der Regel ein erster abcheckender Kontakt über die Augen. Nach dem Prinzip „Kann ich dir trauen?" oder „droht mir Gefahr?".

Der Augenkontakt ist demnach ausgesprochen wichtig. Die Stellung der Pupillen, deren Größe und ihre Bewegung senden ebenso Nachrichten an das Gegenüber.

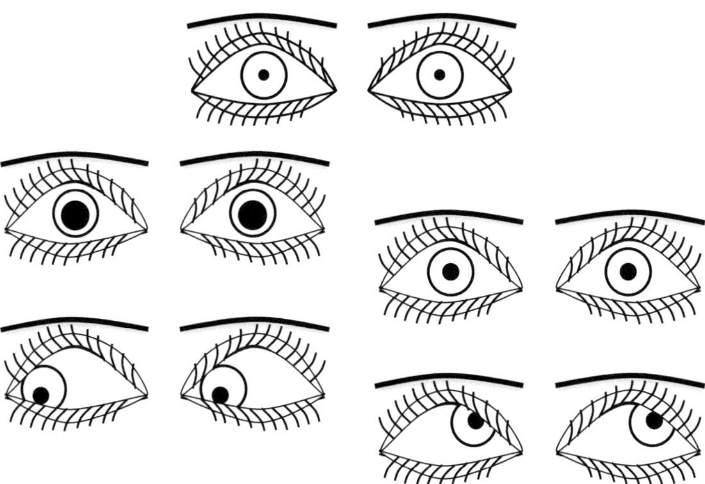

Beim Augenkontakt kommen in einigen Ländern teilweise andere Verhaltensmuster in die zwischenmenschliche Kommunikation.

So gilt es in hiesiger Kultur als stark, Blickkontakt zueinander aufzunehmen – und zu halten.

In vielen muslimisch geprägten Ländern gilt der standhafte Blickkontakt als unhöflich.

Auf den folgenden Seiten wird zuerst auf Mund, Lippen und Zunge eingegangen.

2.1 Mund, Lippen, Zunge

2.1.1 Der Mund lächelt

Ein Lächeln entwaffnet.

Diese Person ist dem Gegenüber und der Situation gut gestimmt.

Es handelt sich hier um ein ‚echtes‘, von innen kommendes Lächeln.

(vgl. Aufgesetztes Lächeln 2.1.17).

Die Mundwinkel werden leicht nach oben gezogen.

Unter den Augen bilden sich Lachfältchen.

2.1.2 Dem Mund Luft zufächeln

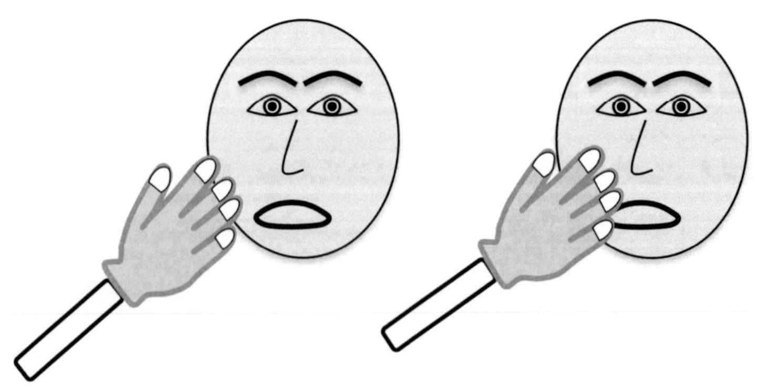

Die Person hat sich gerade den Mund verbrannt, eine sehr heiße Speise oder ein heißes Getränk zu sich genommen.

Um die Schmerzen zu lindern, wird kühle Luft zugefächelt.

Diese Geste kann auch symbolisch eingesetzt werden, wenn sich jemand die ‚Zunge verbrannt' hat.

Mit einer Hand wird dem Mund Luft zugefächelt.

2.1.3 Den Mund zuhalten

Die Person verbietet sich selbst schnell den Mund, weil sie etwas geäußert hat, was sie eigentlich nicht hätte sagen sollen oder wollen.

„Oh, Mist, das hätte ich nicht sagen sollen."

Gleichzeitig ist die Person über ihr eigenes Verhalten – oder ihre eigene Offenheit – erschrocken.

Eine Hand wird schnell vor den Mund gelegt, wobei der Daumen abgespreizt ist.

2.1.4 Die Mundwinkel herunterziehen

Die Person drückt ihren Missmut aus.

Auch Desinteresse und Nichtwissen können vorliegen.

„Weiß ich nicht."

Oder „Geht mich nichts an."

Beide Mundwinkel werden kurz nach unten gezogen.

2.1.5 Die Zunge herausstrecken

Der Gesprächspartner, dem die Zunge herausgestreckt wird, wird von seinem Gegenüber beleidigt und nicht respektiert.

Die Zunge rausstrecken ist als negativ zu bewerten. Im privaten Kreis wird sie manchmal auch als ‚spaßige' Geste eingesetzt.

Aber Achtung: Gegen Ranghöhere eingesetzt, wird hier an der (natürlichen) Autorität gerüttelt!

Die Zunge wird dem Gesprächspartner herausgestreckt.

2.1.6 Die Zunge zur Seite herausstrecken

Diese Geste ist manchmal dann zu sehen, wenn die Person angestrengt nachdenkend über einer Aufgabe sitzt.

Die Zunge wird zur Mundseite herausgestreckt.

2.1.7 Die Zunge hin und her bewegen

Die trockenen Lippen werden befeuchtet. „Hm, der/die/das gefällt mir."

Diese Bewegung mit den Lippen wird manchmal mit sexuellen Gedanken verbunden.

Mit der Zunge wird ein- oder mehrmals über die Lippen gefahren.

2.1.8 Den Mund öffnen

Hier wird Sprachlosigkeit demonstriert.

„Ich weiß nicht, was ich dazu sagen soll."

Die Person zeigt Erstaunen über das, was gerade gesagt oder getan wurde.

Der Mund wird geöffnet und bleibt einige Zeit unbewegt.

2.1.9 Immer leiser und langsamer sprechen

Die Person wird, während sie spricht, immer leiser und langsamer.

Sie zeigt damit, dass sie sich ihrer Sache nicht ganz so sicher ist, wie sie sich zu Beginn ihrer Rede war.

Sie zeigt damit Schwäche und Unsicherheit.

Es wird immer langsamer und leiser gesprochen.

63

2.1.10 Die Lippen zusammenpressen

Die Person will und kann nichts sagen.

Sie presst die Lippen zusammen, damit ja kein unbedachtes Wort ‚herausrutscht'.

Extrem gedeutet: Zorn wird zurückgehalten.

Die Person ist starrsinnig und lässt sich kaum überzeugen.

Die Lippen werden zusammengepresst.

2.1.11 Auf die Lippen beißen

Die Person hält die Lippen geschlossen, um Zeit zu gewinnen.

Sie ist nachdenklich, aber auch unsicher. Damit sie nichts sagen ‚muss‘, beißt sie sich auf die Lippen.

Von innen wird auf die zusammengelegten Lippen gebissen.

2.1.12 Die Lippen berühren

Die Person zeigt auf ihren Mund.

Sie bringt damit zum Ausdruck: „Ich will mit dir sprechen".

Oder: „Kann ich mal mit dir unter vier Augen sprechen?"

Mit dem Zeigefinger einer Hand wird mehrmals auf die untere Lippe getippt.

2.1.13 Die Oberlippe hochziehen

Wenn die Lippe so hochgezogen wird, sind die Zähne sichtbar. Das kann als Drohung und Stärke gedeutet werden.

Hier wird dem anderen gegenüber Verachtung gezeigt.

Dieses Verhalten ist schlecht für eine Situation, da hier offensichtlich das Zusammengehörigkeitsgefühl nicht optimal entwickelt ist.

Die Oberlippe wird nach oben gezogen.

2.1.14 Die Unterlippe hochziehen

Hier wird der Mund verschlossen.

Die Person will nicht ‚aus Versehen' etwas Falsches sagen.

Diese Geste drückt Zweifel am Gesagten oder Geschehenen aus.

Die Unterlippe wird über die Oberlippe nach oben gezogen.

2.1.15 Die Hand vor den Mund halten

Die Person ist zurückhaltend, vielleicht etwas gehemmt.

Sie könnte einen Beitrag leisten, traut sich aber nicht so recht.

Der Gesprächspartner könnte diese Person direkt auffordern, ihre Meinung zur Diskussion beizutragen.

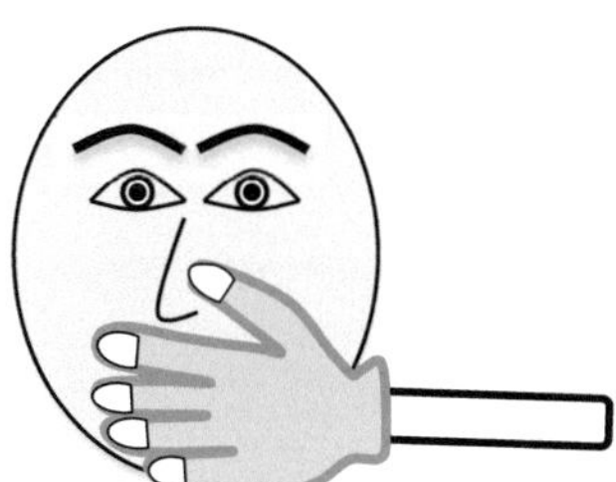

65

Eine Hand wird quer vor den Mund gehalten.

Die Fingerspitzen laufen parallel zu den Lippen.

Der Daumen kann nach oben abstehen.

2.1.16 Die Mundwinkel hochziehen

Hier werden die Zähne der Person sichtbar.

Sie zeigt uns, wie stark sie ist und dass sie bereit ist, anzugreifen und zuzubeißen.

Offensichtlich fühlt sie sich niveaumäßig dem Gesprächspartner überlegen.

Manchmal wird der Kopf herausfordernd leicht schräg gehalten.

Die Person macht sich lustig, ja, sogar lächerlich über den Gesprächspartner.

Beide Mundwinkel werden weit nach oben gezogen.

Der Mund wird etwas geöffnet und die Zähne werden sichtbar.

2.1.17 Aufgesetztes Lächeln

Grundsätzlich wirkt ein Lächeln positiv und entwaffnend.

Jedoch kann durch das Hochziehen der Mundwinkel ein Lächeln lediglich aufgesetzt wirken, wenn um die Augen herum keine Lachfältchen entstehen (vgl. 2.1.1).

Dieses Lächeln soll dem Gesprächspartner aber grundsätzlich Nähe und Zustimmung zeigen.

Wird beim aufgesetzten Lächeln der Kopf leicht hin und her bewegt, so werden Zweifel angedeutet.

Die Mundwinkel werden nach oben gezogen.

2.2 Augen

2.2.1 Die Augen weit aufrei-
ßen

Die Person zeigt Ungläubigkeit.
„Ist das wirklich wahr?"

Oder: „Das kann ich mir gar nicht vorstellen."

Der Gesprächspartner kann das besprochene Thema von einer anderen Seite beleuchten und/oder noch anschaulicher darstellen.

Beide Augen sind weit aufgerissen und die Augenbrauen
nach oben gezogen.

2.2.2 Die Augen zusammen-
kneifen

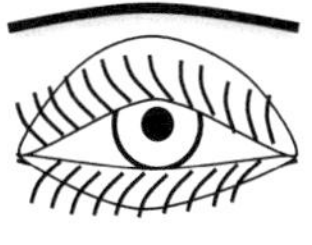 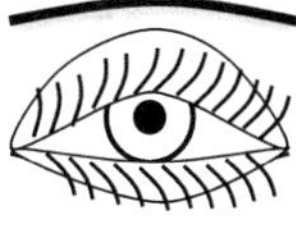

Die Person zeigt Ungläubigkeit.
„Na, ob das wirklich stimmt, was
der uns da erzählt?"

Auch ist es möglich, dass die Person durch Lichteinwirkung geblendet
wird.

Beide Augen werden zu schmalen Schlitzen zusammengepresst.

2.2.3 Die Augen schauen
nach links oben

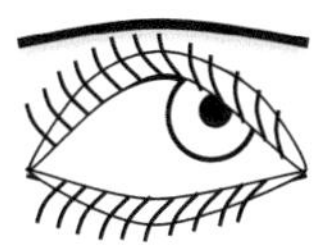 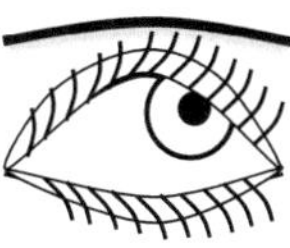

Ein Rechtshänder sucht nach Er-
innerungen in der linken Hirn-
hälfte.

Gesucht wird, was tatsächlich abgespeichert wurde.

Es kann davon ausgegangen werden, dass das Gefundene der Wahrheit entspricht oder etwas ist, das als ‚wahr' abgespeichert wurde.
Bei Linkshändern gilt das Gesagte spiegelverkehrt.

Die Augen schauen (aus Sicht des Betreffenden) nach links oben.

2.2.4 Die Augen schauen
nach rechts oben

Ein Rechtshänder sucht nach Er-
innerungen in der rechten Hirn-
hälfte.

Gesucht wird, was ‚fantastisch'
erscheint.

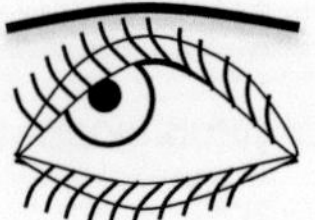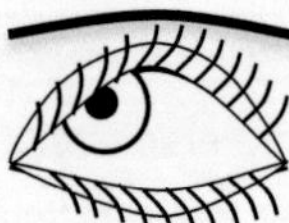

Diese Augenbewegung kann dann beobachtet werden, wenn die Person eine erfundene Geschichte erzählen soll oder eine Tatsache bild-
haft darstellt und dabei sagt: „Stellen Sie sich einmal vor …".

Die Person schöpft aus dem Bereich der Kreativität und des Vorge-
stellten; nicht zwangsläufig aus der Wahrheit.

Bei Linkshändern gilt das Gesagte spiegelverkehrt.

Die Augen schauen nach rechts oben.

2.2.5 Die Augen schauen
nach links

Ein Rechtshänder sucht nach Er-
innerungen in der linken Hirn-
hälfte.

Gesucht wird nach gespeicherten
Tönen, Lauten und Geräuschen.

Bei Linkshändern gilt das Gesagte spiegelverkehrt.

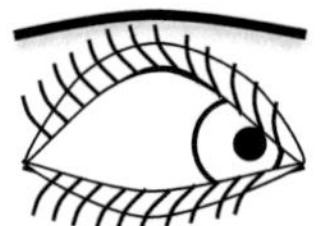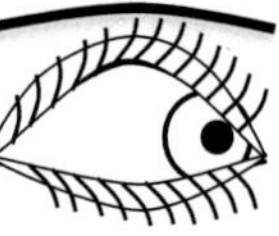

Die Augen schauen (aus Sicht des Betreffenden) nach links.

2.2.6 Die Augen schauen
nach links unten

Ein Rechtshänder sucht nach Er-
innerungen in der linken Hirn-
hälfte.

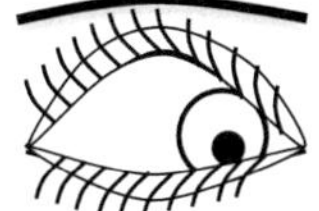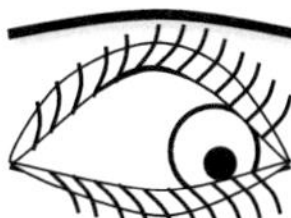

Gesucht wird speziell nach gespeicherten Gerüchen.

Bei Linkshändern gilt das Gesagte spiegelverkehrt.

Die Augen schauen (aus Sicht des Betreffenden) nach links unten.

2.2.7 Mit einem Auge zwin-
kern

Die Person zeigt dem Gegenüber
heimlich, dass sie mit ihm einer
Meinung ist: „Na, wir verstehen
uns schon."

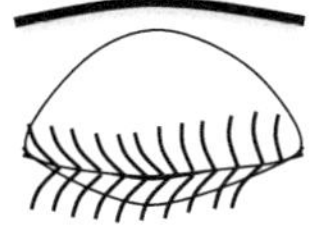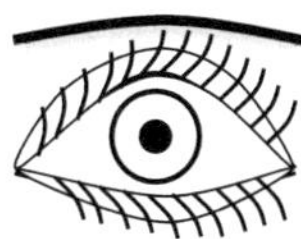

Es wird ein geheimes Bündnis geschlossen. „Wir beide wissen etwas,
was der andere nicht weiß."

Mit einem Auge wird dem Gegenüber einmal zugeblinzelt.

2.2.8 Die Augen wandern

Die Person hat zwar in der Regel
ein grundsätzliches Interesse am
Thema, traut sich aber nicht,
dem Gegenüber offen in die Augen zu sehen.

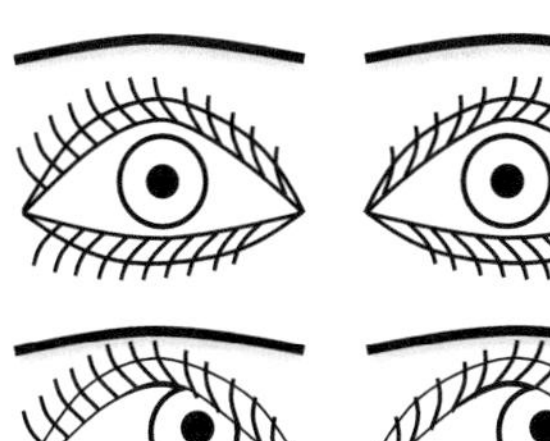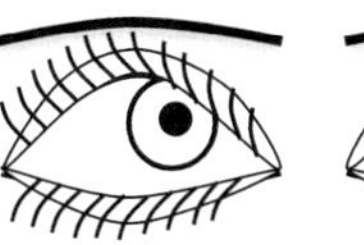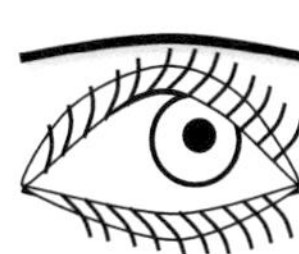

Das verrät Unruhe und Unsicherheit.

Möglicherweise gibt es etwas beim gerade besprochenen Thema, wo-
rüber die Person nicht sprechen möchte.

Beide Augen wandern unruhig im Raumhintergrund umher.

2.2.9 Die Augen zeigen zum Himmel

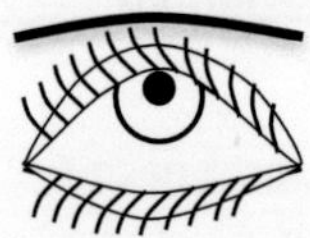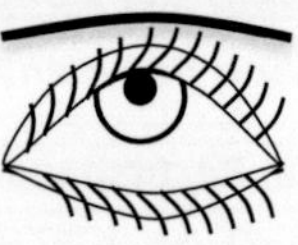

Die Person sucht Hilfe bei Höherem. „Gott, steh mir bei!"

Dieser Blick kann aber auch bedeuten, dass sich eine Person über eine andere lustig macht: „Ach du lieber Himmel, was sagt der denn nun schon wieder?"

Die Pupillen zeigen nach oben.

2.2.10 Mit den Augen klimpern

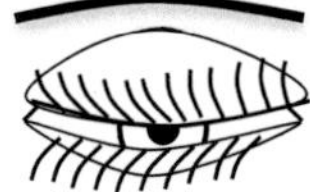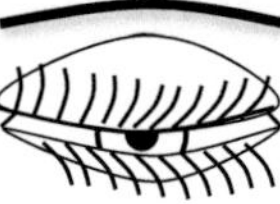

Da die Augen nach unten schauen, kann hier von einer Demutshaltung ausgegangen werden.

Die Person ‚unterwirft' sich ihrem Gegenüber.

Durch das Augenklimpern wird diese Aussage noch verstärkt. Es wird Unsicherheit gezeigt. „Ich bin unschuldig, bitte tue mir nichts."

Mit beiden Augenlidern wird geklimpert, wobei die Augen nach unten schauen.

2.2.11 Die Augen schließen und die Augenbrauen hochziehen

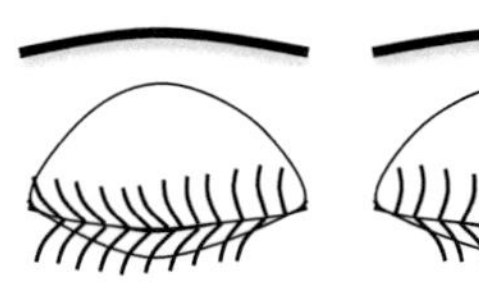

Hier wird ein arroganter, hochnäsiger, snobistischer Gesichtsausdruck gezeigt.

Die Person macht deutlich, dass sie weit über dem Besprochenen steht und mit der Sache nichts zu tun haben möchte.

Beide Augen werden geschlossen. Die Augenbrauen werden weit nach oben gezogen.

2.2.12 Die Augen zur Seite wenden

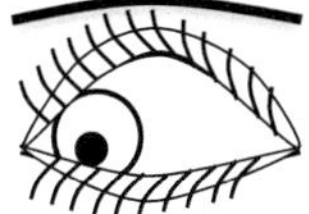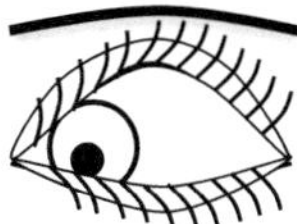

Die Person zeigt eine leichte Demutshaltung, die dadurch verstärkt wird, dass sich der Kopf gleichzeitig auch noch nach unten senkt.

Die Person zeigt, dass sie dem Gegenüber nicht in die Augen schauen kann.

Sie zeigt Schüchternheit, Demut, Scheu.

Die Augen schauen zur Seite, wobei sich der Kopf ebenso zur Seite dreht.

2.2.13 Die Augen starren

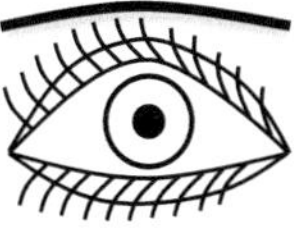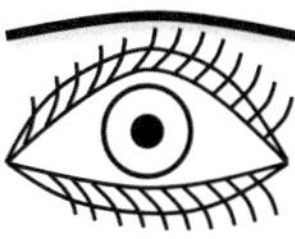

71

Die Person zeigt durch diesen starren Blick, dass sie sich vom Gegenüber nicht einschüchtern lässt.

Das kann auch aggressiv, ängstlich wirken, aber auch erstaunt.

Derjenige Gesprächspartner, der als erster zur Seite schaut, ‚hat verloren‘, bezieht also die schwächere Position.

Beide Augen starren – möglichst ohne mit den Wimpern zu zucken – nach vorn.

2.2.14 Eine Augenbraue hochziehen

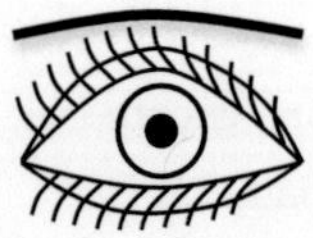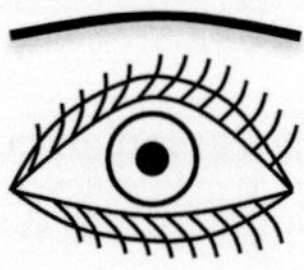

Die Person zeigt Skepsis gegenüber den Ausführungen des Gesprächspartners.

Am besten darauf vorbereitet sein, dass in relativ kurzer Zeit ein ‚verbaler Angriff' folgen wird.

„Also, ich sehe das ganz anders." Oder: „Was Sie da sagen, habe ich aber ganz anders gehört."

Eine Augenbraue wird hochgezogen.

2.2.15 Beide Augenbrauen hochziehen

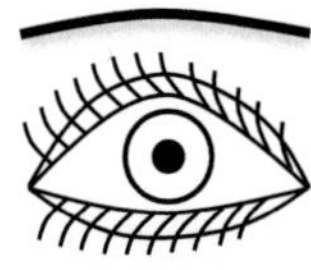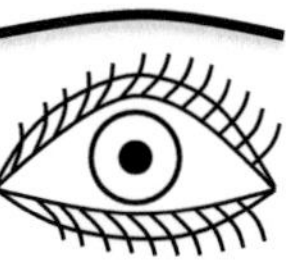

Das kurze Hochziehen der Augenbrauen erweitert künstlich das Augenumfeld.

Die Person erkennt eine andere Person und begrüßt sie so nonverbal.

Gegebenenfalls wird das Augenbrauen-Hochziehen durch ein kurzes Hochziehen des Kinns unterstützt.

Beide Augenbrauen werden kurz hochgezogen.

2.2.16 Die Augenbrauen zusammenziehen

Die Person zeigt Kummer und Besorgnis: „Ich weiß nicht recht …"

Vielleicht wird durch das Zusammenziehen der Augenbrauen auch gezeigt, dass die Person Probleme mit der Arbeitswelt oder mit dem eigenen Leben hat.

Die Augenbrauen werden zusammengezogen.

2.2.17 Die Pupillen weiten sich

Die Person mag das oder denjenigen, den sie sieht, besonders gerne.

Der Gesprächspartner kann diese Reaktion als sehr positiv bewerten.

Die Person steht sehr positiv zur Sache oder zum Gesprächspartner.

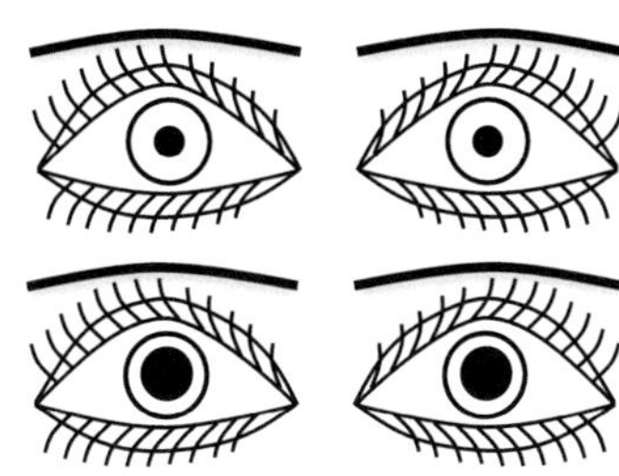

Beide Pupillen weiten sich bei unveränderten Lichtverhältnissen.

2.2.18 Die Augenbrauen heben

Die Person zeigt, dass ihr das, was sie sieht, sehr gefällt.

Zu beobachten ist dieser Ausdruck zum Beispiel, falls ein schmackhaftes Essen aufgetragen wird oder eine unerwartete, freudige Überraschung erkannt wird.

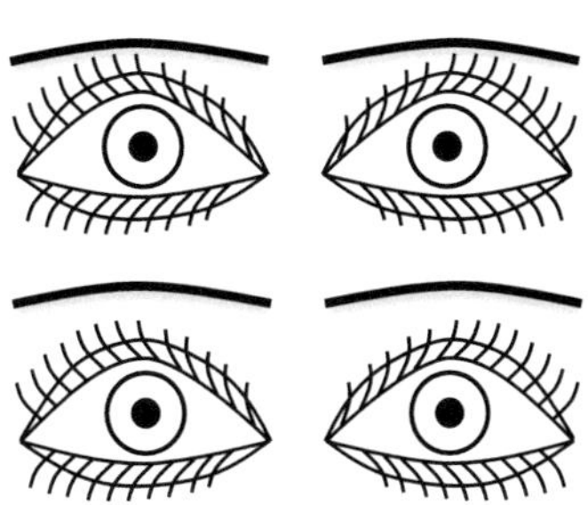

Dieses Signal wird auch zwischen zwei Personen ausgetauscht, wenn sie eine – nach ihrer Meinung – besonders ansprechende Person erblicken.

Die Augenbrauen werden mehrmals hintereinander hochgezogen.

2.2.19 Durch das Gegenüber hindurchsehen

Die Person ist geistesabwesend.

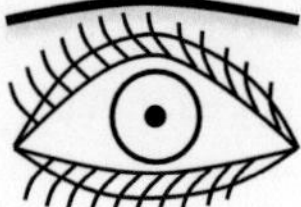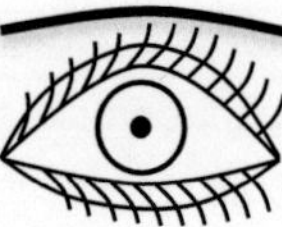

Sie will zwar zeigen, dass sie bei der Sache ist, aber in Wirklichkeit ist sie mit den Gedanken woanders.

Der Gesprächspartner kann die betreffende Person durch direktes Ansprechen in die Realität ‚zurückholen'.

Mit beiden Augen den anderen scheinbar anschauen, tatsächlich aber durch ihn ‚hindurchschauen'.

2.2.20 Mit geradem Blick anschauen

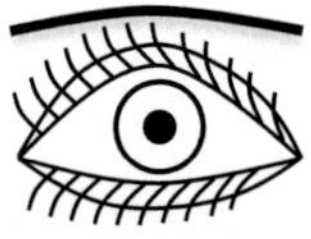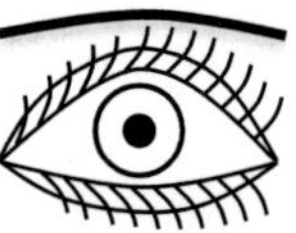

Ein offener Informationsaustausch ist möglich.

Die Person schaut das Gegenüber interessiert und aufmerksam an und hört entsprechend aufmerksam zu.

Dies ist ein positives Zeichen für einen Dialog.

Beide Augen schauen das Gegenüber direkt an.

2.2.21 Keinen Blickkontakt halten

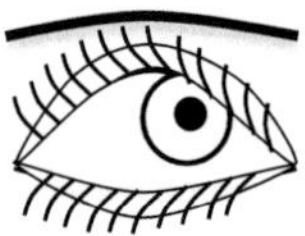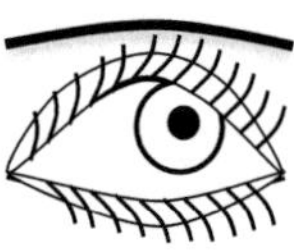

Die Person fühlt sich unwohl und kann dem Gesprächspartner nicht in die Augen sehen.

Möglicherweise hat sie etwas zu verbergen.

Um sinnvoll miteinander sprechen zu können, sollte eine angenehme Atmosphäre geschaffen werden.

Beide Augen schauen am Gegenüber vorbei.

2.2.22 Die Lider zittern

Das Zittern der Lider zeigt eine gewisse Anspannung und Nervosität.

Die Person fühlt sich in der augenblicklichen Lage nicht sehr wohl.

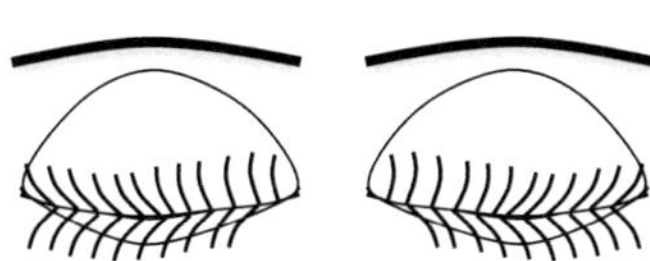

Beide Lider zittern.

2.2.23 Die Augen reiben

Die Person zeigt Müdigkeit, eventuell hervorgerufen durch Desinteresse oder Überforderung.

Der Gesprächspartner sollte erwägen, ein anderes Thema anzuschneiden oder die Person direkt anzusprechen.

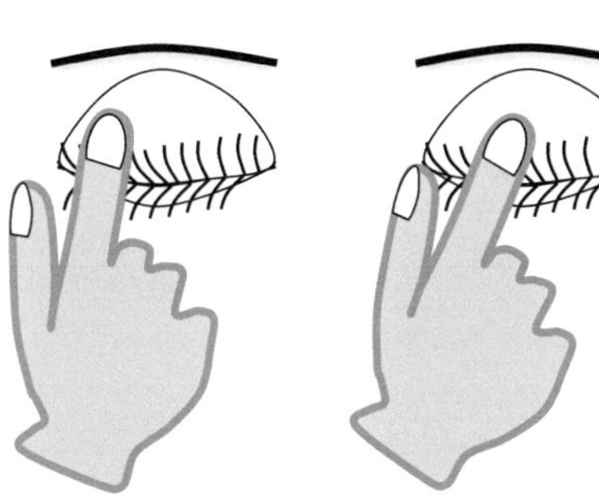

Der Finger einer Hand reibt das geschlossene Lid eines Auges.

75

2.2.24 Die Augen wischen

Die Person zeigt ein Gefühl der Traurigkeit.

„Schade, dass ...“

Diese Geste ist etwas kindisch dargestellt.

Die Person möchte gerne liebkost und/oder bedauert werden.

Sie sucht Nähe.

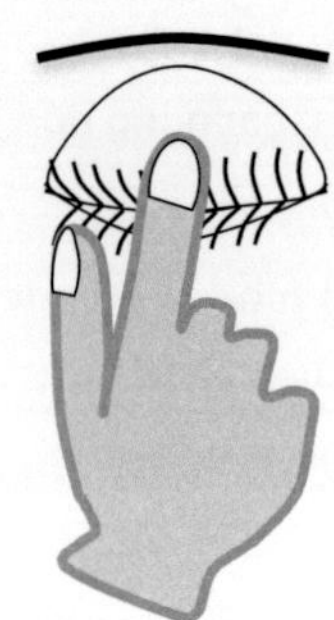

Beide Augen sind geschlossen.

Mit einem Finger wird auf ein geschlossenes Lid gefasst.

2.2.25 Das Augenlid herunterziehen

Die Person macht deutlich, dass sie das Gesagte als ‚geschwindelt‘ oder als ‚ironisch gemeint‘ erkannt hat.

Das Herunterziehen des Augenlides kann in etwa so übersetzt werden: „Mir kannst du nichts vormachen, du Schlingel.“

Mit einem Zeigefinger wird ein Augenlid heruntergezogen und kurze Zeit festgehalten.

2.2.26 Die Brille hochschieben

Die Person ist etwas nervös.

Sie fängt möglicherweise an zu schwitzen, was ein Rutschen der Brille zur Folge haben kann.

Vielleicht hat sie auch etwas zu verbergen.

Die Brille wird mit einem Zeigefinger nach oben geschoben.

2.2.27 Hastig die Brille abnehmen

Durch das Abnehmen der Brille wird – zumindest kurzzeitig – der Blickkontakt zum Gesprächspartner unterbrochen.

Das bedeutet, dass die Person offensichtlich hier etwas zu verbergen hat oder vielleicht mit ihrer Aussage nicht ganz bei der Wahrheit bleibt.

Die Brille wird hastig mit einer Hand abgenommen.

2.2.28 Die Augen-Brille

Die zu Ringen geformten Daumen und Zeigefinger beider Hände sollen ein Fernglas darstellen.

Die Person will zeigen, dass sie jemanden in der Ferne ansieht.

Daumen und Zeigefinger einer jeden Hand werden zu je einem Ring geformt.

Beide Ringe werden vor die Augen gehalten.

2.3 Gesicht, Wangen

2.3.1 Den Kopf ruckartig zurückziehen

Durch das Zurückwerfen des Kopfes wird die Distanz zwischen zwei Personen vergrößert.

Diese Distanzerweiterung zeigt Zweifel und Misstrauen zum eben Gesagten an.

Die Person kann dem Gesagten keinen oder nur wenig Glauben schenken.

In einer Diskussion kann diese Kopfbewegung als grundsätzliche Ablehnung, ja sogar als Trotz, gedeutet werden.

Der Kopf wird ruckartig nach hinten zurückgeworfen.

2.3.2 Den Kopf zwischen die Schultern ziehen

Die Person macht sich kleiner, als sie ist.

Sie will nicht gesehen werden.

‚Den Kopf einziehen' kann übersetzt werden mit: „Bitte, schlage mich nicht, ich bin doch noch so klein."

Mit dieser Körperhaltung wird Angst, Nervosität, innere Spannung, Verkrampfung angezeigt.

Die Schultern werden nach oben gezogen, der Kopf leicht nach unten gedrückt.

2.3.3 Den Nacken umklammern

Der Arm wird hochgenommen, weil die Person dem Gegenüber einen Schlag versetzen möchte.

Dieses wird sie aber in einer vernünftigen Gesprächsrunde nicht tun.

Deshalb wandert die Hand weiter in den Nacken und hält sich dort fest.

Meist wird gleichzeitig der Kopf etwas nach hinten genommen.

Das bedeutet, es wird eine Distanz zum Gegenüber aufgebaut.

Die Brust wird ebenso möglicherweise gleichzeitig nach vorn gedrückt, was Stärke demonstriert.

Die Person ist also mit dem Gesagten oder dem Verhalten ihres Gegenübers nicht ganz einverstanden.

Der Nacken wird von hinten mit einer Hand umklammert.

2.3.4 Den Nacken massieren

Der Nacken wird massiert.

Die Person will sich stark machen, will sich Mut schaffen.

Eine verstärkte Nervosität ist vorhanden, die so abgebaut werden soll.

Mit einem Einwand ist zu rechnen.

Vielleicht ist die Person auch nur müde vom langen Sitzen.

Eine Hand massiert den Nacken.

2.3.5 Den Bart streicheln

Diese Handbewegung löst offenbar Ruhe und Entspannung aus.
Die Person ist in Gedanken ver-
tieft, die allerdings nicht unbedingt etwas mit dem Gesprächs-
thema zu tun haben müssen.

Eine Hand fährt mehrmals langsam durch den vorhandenen
oder gedachten Bart.

2.3.6 Den Bart wachsen las-
sen

Die Person zeigt, dass sie sich einen langen Bart wachsen lässt.

Das benötigt natürlich Zeit.

Und diese Zeit steht ihr zur Verfügung, weil das augenblickliche Vorgehen im Gespräch für sie langweilig ist.

Mit der Hand wird an einem – nicht vorhandenen – langen Bart nach
unten gefahren.

2.3.7 Den Schnurrbart zwir-
beln

Die Handbewegung löst offenbar
Ruhe und Entspannung aus.

Die Person ist nachdenklich.
Gleichzeitig ‚macht sie sich
schön‘, indem sie ihren Bart
pflegt.

Sie möchte dem Gesprächspartner gegenüber ein positives Bild ab-
geben.

Den Schnurrbart zwirbeln.

2.3.8 Das Gesicht bedecken

Die Person ist über das Gehörte oder Gesehene entsetzt und bedeckt durch diese Körperhaltung gleichzeitig drei wichtige Sinne:

Den Mund – so kann sie nichts dazu sagen; weder schimpfen, noch ihren Unmut äußern.

Die Nase – so kann sie ihr Gegenüber nicht mehr ‚riechen‘, also keine weiteren Informationen oder den Geruch aufnehmen.

Die Augen (zumindest andeutungsweise) – so kann sie das Gegenüber nicht mehr sehen, muss sich also nicht mit ansehen, wie weiter verfahren wird.

Die Hand wird – mit aneinander liegenden – Fingern von unten vor das Gesicht gehalten.

Dabei werden Nase und Kinn berührt.

81

2.3.9 Mit der Hand am Gesicht vorbeifahren

Die Hand fängt eine imaginäre Mücke oder etwas anderes, nicht Vorhandenes ein.

Mit dieser Geste soll über eine dritte Person ausgesagt werden, dass sie nicht ganz bei Sinnen sei. „Der/die hat sie nicht alle.“

Ein negatives Zeichen im Gespräch, da offensichtlich kein optimales Gruppen-Zusammengehörigkeits-Gefühl vorhanden ist.

Mit der nach oben zeigenden Hand wird einmal am Gesicht vorbeigefahren.

Dann werden die Finger geschlossen, als habe die Hand etwas gefangen.

2.3.10 Mit dem Zeigefinger den Kragen lockern

Dies ist ein leichtes, oft unbe-wusstes Ablenkungsmanöver.

Es zeigt Überheblichkeit, Arroganz oder Stolz.

Aber eine versteckte Nervosität. Den Betreffenden als ‚normalen, vollwertigen Menschen' behandeln.

Ein Zeigefinger fährt in den Hemdkragen und zupft diesen leicht nach außen.

2.3.11 Mit dem Zeigefinger die Wange anbohren

Der Zeigefinger wird nicht an die Schläfe genommen, sondern ‚aus Sicherheitsgründen' etwas tiefer an der Wange angesetzt

Diese Geste heißt: „Du hast sie nicht alle; Du spinnst."

Mit dem Zeigefinger wird eine Wange in der Mitte berührt. Dort wird die Fingerspitze einige Male hin und her gedreht.

2.3.12 Auf die Wange schlagen

„Ach, was bin ich dumm", sagt diese Geste aus.

Als ‚Bestrafung' gibt es den kleinen Klaps auf die Wange.

Mit den Fingern der flach ausgestreckten Hand einen leichten Klaps auf die eigene Wange geben.

2.3.13 An den Kopf schlagen

„Ach, wie dumm von mir."

„Ich könnte mich schlagen für das, was ich gerade getan habe."

Die Person hat erkannt, dass sie gerade etwas – in ihren Augen – Dummes getan oder gesagt hat.

Mit den Fingern einer flachen Hand wird an den Kopf geschlagen.

2.3.14 Einen Mundwinkel ver- ziehen

Hier wird Sarkasmus ausge- drückt.

Scheinbar ein Lächeln – in Wirk- lichkeit aber eine Überheblich- keit, eine Hohn ausdrückende Geste.

Ein Mundwinkel wird deutlich nach oben gezogen.

2.3.15 Die Wange aufblasen

Eine aufgeblasene Wange: „Pah, was sagst du da …", sagt diese Geste aus.

Zwei aufgeblasene Wangen: „Ist der/die/das dick …"

Oder: „Puh, ich kann nicht mehr. Ich bin satt."

Eine oder beide Wangen werden aufgeblasen.

2.3.16 Am Kopf kratzen

Die Person ist etwas nervös.

Vielleicht wurde sie gerade bei einer Tätigkeit oder Aussage ertappt, die nicht so hundertprozentig ‚sauber' ist.

Der Arm wird zur Abwehr erhoben (vielleicht zum angedeuteten Zuschlagen), dann aber auf den Kopf gelenkt.

Aus Verlegenheit wird daraufhin die Kopfhaut gekratzt.

Mit einer Hand den Kopf kratzen.

2.3.17 Den Kopf hin und her wiegen

„Also, weißt du, an dem, was du da gerade gesagt hast, habe ich so meine Zweifel."

Die Person ist mit dem Gesagten oder Ausgeführten nicht ganz einverstanden und hat ihre Bedenken.

Den Kopf leicht nach links und rechts wiegen.

2.3.18 Mit dem Kopf nicken

Die Person zeigt durch Kopfnicken ihre Zustimmung.

Diese Geste ist für den Gesprächsverlauf positiv und wichtig.

Speziell zu Beginn einer Rede kann der Gesprächspartner sein Lampenfieber durch die Zustimmungen schnell abbauen.

Mit dem Kopf wird einmal oder mehrmals genickt.

2.3.19 Den Kopf nach hinten ziehen

Durch das Hoch- und Wegziehen des Kopfes wird Distanz zum Gesprächspartner aufgebaut.

Das zeigt, dass die Person nicht ganz mit dem Gehörten einverstanden ist.

Oft werden gleichzeitig die Augen weit aufgerissen, womit Erstaunen ausdrückt wird. Im Extremfall: „Ich kann nicht glauben, was ich soeben erfahren habe!"

Der Kopf wird nach hinten gezogen.

2.3.20 Am Hals kratzen

Die Person ist etwas nervös.

Sie kann das Gehörte nicht richtig einordnen.

„Ich weiß nicht recht, …"

Mit einem Finger wird am Hals unterhalb des Ohrs gekratzt.

85

2.3.21 Mit dem Kopf herbeiwinken

Mit dem Bewegen des Kopfes wird eine Richtung angezeigt. Möglicherweise können die Hände nicht eingesetzt werden, um eine Richtung anzudeuten.

Diese Kopfbewegung kann demnach folgendermaßen übersetzt werden: „Komm hierher." Oder „Lass uns hier entlang gehen."

Mit dem Kopf ein- oder mehrmals nach rechts oder links hinten deuten.

2.3.22 Auf den Haarscheitel fassen

„Ach, wie konnte ich nur so dumm sein."

Die Person schlägt sich leicht auf den Kopf und deutet damit an, etwas Unkluges getan zu haben.

Die flache Hand wird auf den Haarscheitel gelegt.

2.3.23 Mit den Händen durch die Haare fahren

Auch bei dieser Geste scheint die Person nachdenklich zu sein.

Wie beim Zwirbeln des Schnurrbarts (vgl. 2.3.7) macht sie sich auch hier schön, um dem Gesprächspartner möglichst positiv gegenüberstehen zu können und damit seine Zuneigung zu erlangen.

Mit einer Hand wird durchs Kopfhaar gefahren.

2.3.24 Den Kopf schütteln

Die Person zeigt ihre Abneigung oder Missfallen an: „Nein, nein, nein …"

Sie ist mit dem, was gerade gesagt oder getan wurde, nicht einverstanden.

Blicken die Augen beim Kopfschütteln nach unten, wird über eine dritte Person geredet.

„Ich verstehe nicht, wie die/der das tun konnte."

Der Kopf wird mehrmals nach rechts und links geschüttelt.

2.3.25 Die linke Wange auf-stützen

Die Person hört sich das Gesagte aufmerksam an und versucht gleichzeitig, die Informationen sachlich, logisch und kritisch zu verarbeiten (linke Gehirnhälfte).

Gilt für Rechtshänder – bei Linkshändern gilt Körperhaltung 2.3.26.

Die linke Wange wird auf die Hand aufgestützt.

Der Kopf zeigt leicht nach links.

2.3.26 Die rechte Wange auf-stützen

Die Person hört sich das Gesagte aufmerksam an und will die In-formationen bildlich verarbeiten. Sie ist bereit, sich beeinflussen zu lassen (rechte Gehirnhälfte).

Bei Linkshändern gilt Körperhaltung 2.3.25.

Die rechte Wange wird auf die Hand aufgestützt.

Der Kopf zeigt leicht nach rechts.

2.3.27 Den Kopf auf der Faust aufstützen

Entweder hört die Person auf-merksam auf das, was gesagt wird, oder das Thema ist ihr langweilig.

Der Kopf wird auf einer Faust aufgestützt.

Manchmal zeigt der Zeigefinger dieser Hand nach oben und liegt auf der Wange.

2.3.28 Den Kopf auf die über- einandergelegten Hände le- gen

Entweder hört die Person auf- merksam auf das, was gesagt wird.

Oder das Thema ist ihr so lang- weilig, dass der Kopf müde und schwer wird und deshalb aufge- stützt werden muss.

Das Kinn wird auf beide übereinandergelegte Hände aufgestützt.

2.4 Kinn

2.4.1 Das Kinn streicheln

Die Person ist nachdenklich, hört aber gleichzeitig den Ausführungen zu.

Sie ist selbstgefällig und fühlt sich im Grunde wohl.

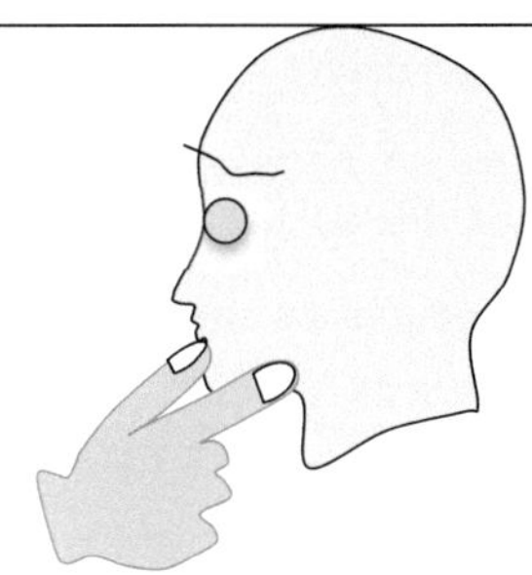

Das Kinn wird mit Daumen und Zeigefinger einer Hand gestreichelt.

2.4.2 Das Kinn abstützen

Die Person zwingt sich zur Aufmerksamkeit.

„Na, das will ich mir aber jetzt mal genau anhören."

Mit einem Einwand ist möglicherweise zu rechnen.

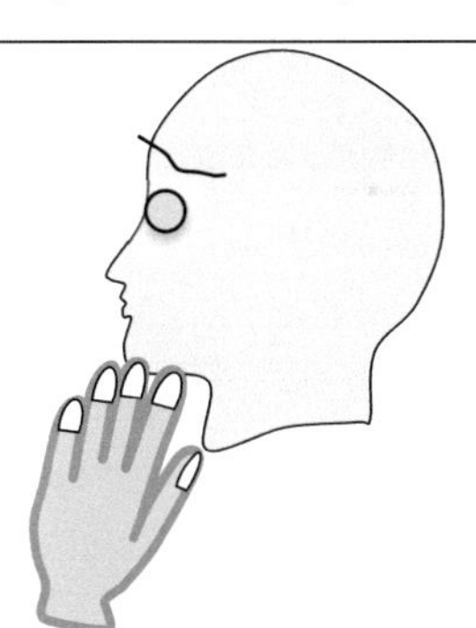

Mit den vier ausgestreckten Fingern einer Hand wird das Kinn abgestützt.

2.4.3 Das Kinn aufstützen

Die Person ist sehr aufmerksam. „Mir kann man nichts vormachen." Sie ist gegenüber den Ausführungen des Gesprächspartners skeptisch und achtet genau auf das, was gesagt oder getan wird. Bei einer Ungenauigkeit oder Schwäche des Gesprächspartners würde sie mit einem Einwand reagieren.

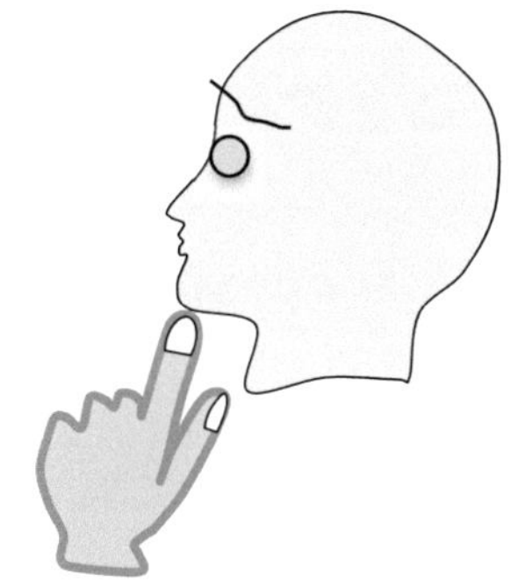

Mit dem Zeigefinger einer Hand wird das Kinn abgestützt.

2.4.4 Mit dem Kinn deuten

Die Person deutet mit dem Kinn auf eine andere Person oder auf eine Sache.

Diese Geste zeugt nicht von Höflichkeit, da sie meist dann benutzt wird, wenn die Person, auf die gedeutet wird, nichts davon merken soll.

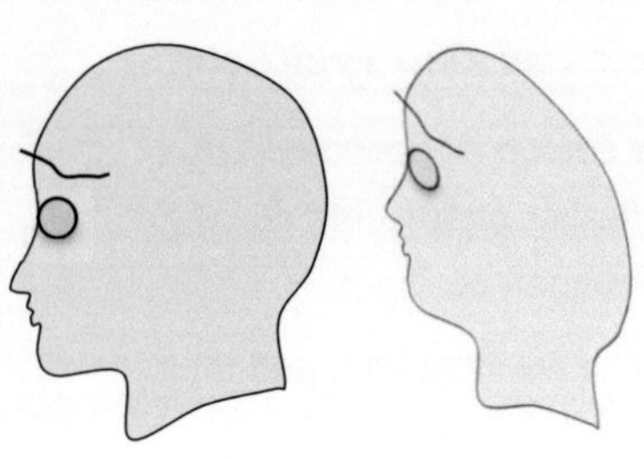

Mit dem Kinn wird in eine Richtung gedeutet.

2.4.5 Das Kinn heben

Durch das Hochheben des Kinns wird gleichzeitig der Kopf angehoben.

Die Person erhebt also ihren Kopf über andere Anwesende.

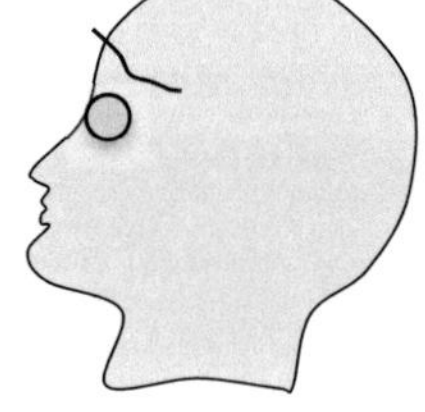

Sie macht sich damit zu etwas Besserem.

Verbal ausgedrückt könnte dies folgendermaßen übersetzt werden: „Das geht mich alles nichts an."

Oder: „Seht zu, wie ihr einig werdet."

Oder: „Ohne mich".

Die Person klammert sich bewusst aus einer Gruppe aus.

Das Kinn wird angehoben.

2.4.6 Mit einer Hand das Kinn hochschnippen

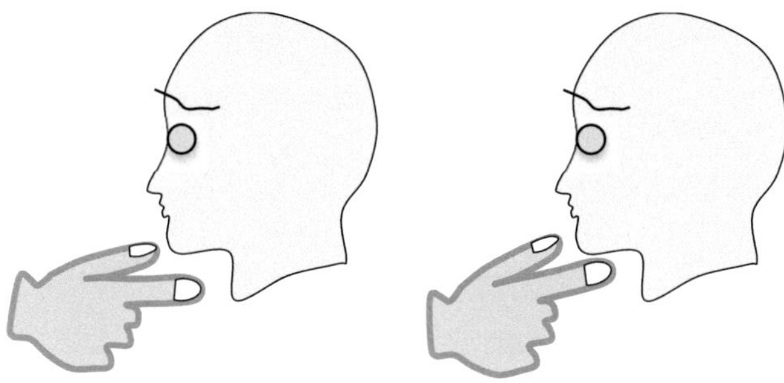

„Mir kannst du nichts vormachen."

So etwa könnte diese Körperbewegung übersetzt werden.

Mit dem Zeigefinger oder den Fingern einer Hand am Kinn entlang schnippen. Bewegung vom Hals zum Kinn.

2.4.7 Von unten ans Kinn klopfen

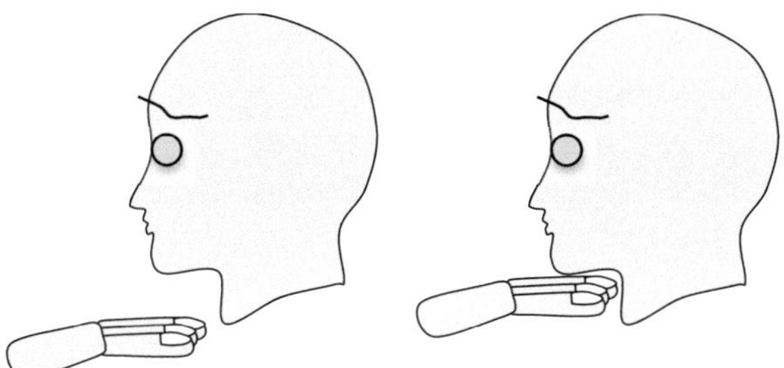

Die Person zeigt bildlich an, dass ihr das Wasser bis zum Kinn steht. „Mir steht´s bis hier."

Sie ist nicht länger einverstanden mit dem Geschehenen.

Von ihr ist in absehbarer Zeit ein Einwand zu erwarten.

Mit den ausgestreckten Fingern der flachen Hand wird ein- oder mehrmals von unten ans Kinn geklopft.

2.4.8 Am Kinn kratzen

Die Person ist sich nicht sicher,
ob sie mit dem Gesprächsablauf
oder den Ausführungen des Gesprächspartners einverstanden
sein soll.

Die Geste drückt demnach eine
gewisse Unentschlossenheit
aus.

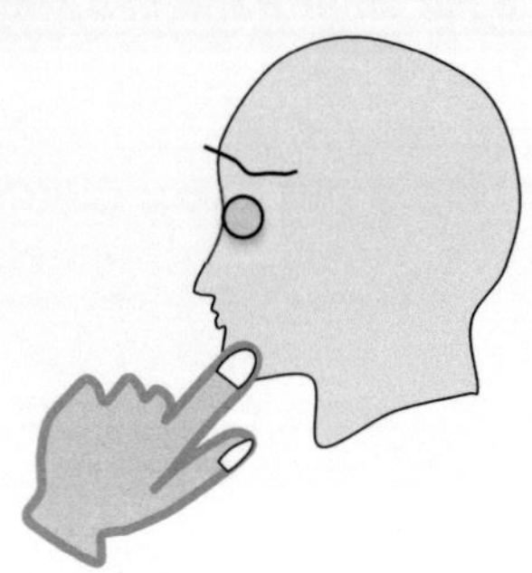

Mit einem oder mehreren Fingern am Kinn kratzen.

2.4.9 Das Kinn mit der gan-
zen Hand massieren

Die Person zeigt Zweifel und Ungläubigkeit.

„Das kann ich nicht ganz glauben, was du da gesagt hast."

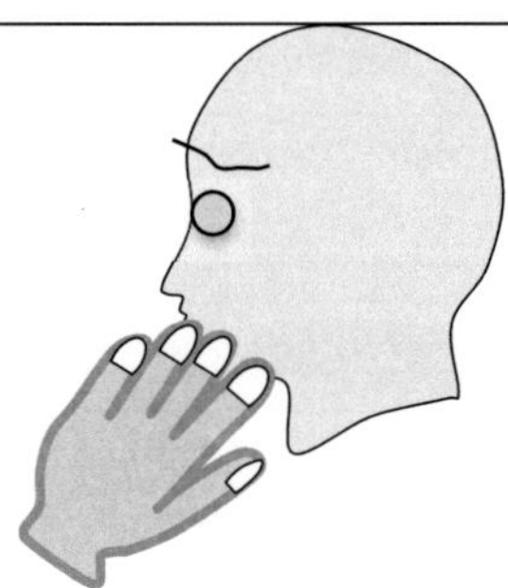

Das Kinn wird mit der ganzen Hand massiert.

2.4.10 Das Kinn vorstrecken

Diese Geste drückt Aggression
aus: „Was willst du von mir?"

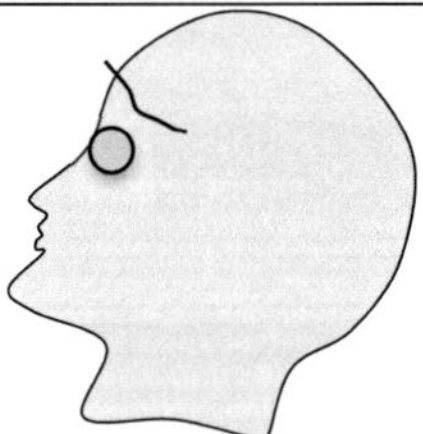

Das Kinn wird deutlich nach vorn gestreckt.

2.4.11 Das Kinn zurückziehen

Die Person macht sich kleiner, sie zieht sich zurück.

Durch diese Geste zeigt sie Angst und Hemmungen.

Der Kopf wird nach unten gezogen, womit auch die Augen nach unten zeigen.

Die Demutshaltung wird hier noch verstärkt.

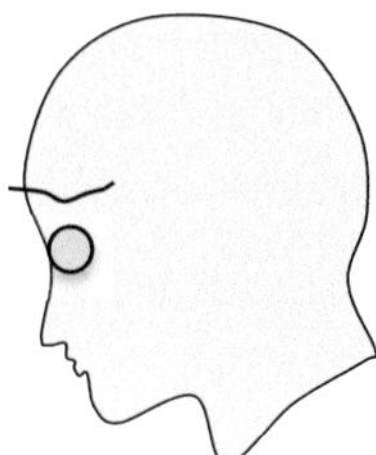

Das Kinn wird zurückgezogen.

93

2.5 Nase

2.5.1 Die Nase berühren

Durch die Lage der Finger werden der Mund und die Nasenlöcher verdeckt.

Offensichtlich hat die Person etwas zu verbergen.

Durch die Schaffung einer angstfreien Atmosphäre kann gegebenenfalls Offenheit erzeugt werden.

Der Zeigefinger einer Hand wird von unten an die Nase gedrückt.

Er kann unterhalb der Nase liegen oder nach oben wegzeigen.

2.5.2 Die Nase zuhalten

Eine gut zu deutende Handbewegung: „Ich kann dich nicht riechen."

Offensichtlich mag die Person den Gesprächspartner nicht.

Vielleicht riecht es auch nur unangenehm, wobei verbale Äußerungen folgen würden.

Die Nasenlöcher werden vom Daumen und Zeigefinger einer Hand zugehalten.

2.5.3 Die Nase hochdrücken

Die Person zwingt sich dazu, das Gegenüber riechen zu ‚müssen‘.

Sie ist sich allerdings nicht sicher, ob das Geschehene in ihre Gedankenwelt passt.

„Ich bin mir noch nicht ganz sicher.‘‘

Oder „Ich muss noch kurz überlegen.‘‘

Häufig lässt sich die Person aber überzeugen.

Mit dem Zeigefinger wird die Nasenspitze nach oben gedrückt.

95

2.5.4 Die Nase hoch tragen

Durch das Hochheben der Nase wird gleichzeitig der Kopf gehoben.

Die Person hebt also ihren Kopf über andere Anwesende und macht sich damit zu etwas Besserem.

Sie wird als ‚hochnäsig‘ bezeichnet.

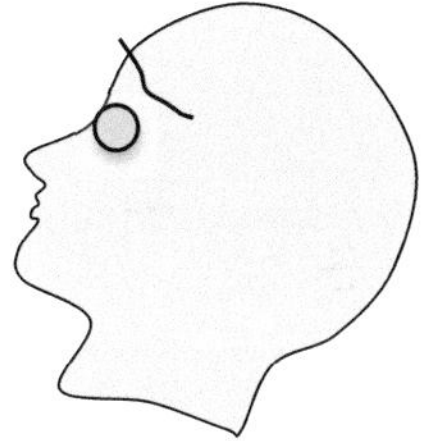

Die Nase wird absichtlich nach oben gehalten.

2.5.5 An die Nase klopfen

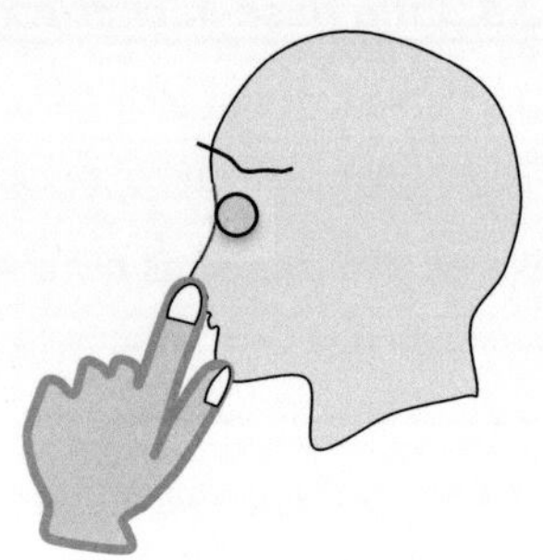

Die Person klopft sozusagen eine Idee aus sich heraus: „Mir kommt da eine Idee."

In der Regel geht dieser Idee ein intensives Überlegen voraus.

Oft folgt ein kreativer und konstruktiver Vorschlag.

Mit einem Finger mehrmals an einen Nasenflügel klopfen.

2.5.6 Die Nase rümpfen

Hier wird deutlich gemacht, dass die Person etwas überhaupt nicht riechen kann oder will. „Pfui, das mag ich nicht!"

Es wird Ekel und Abscheu ausgedrückt.

Nase wird leicht hochgezogen, sie wird gerümpft.

2.5.7 Eine lange Nase machen

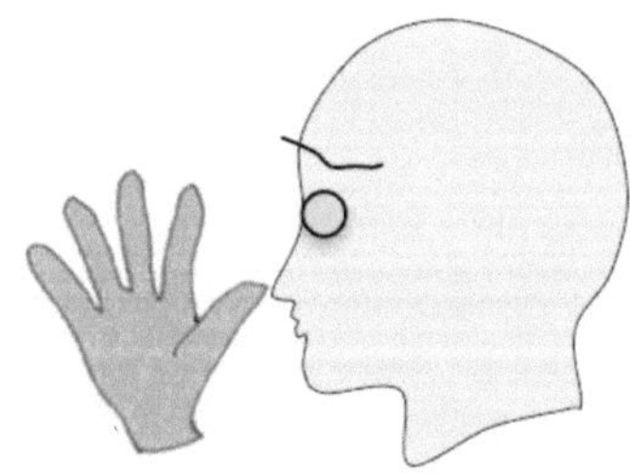

Die Nase wird künstlich verlängert.

Über das leichte Fehlverhalten oder Versagen einer anderen Person oder Gruppe wird sich in spaßiger Weise geäußert.

Auch wenn die betreffende Person oder Gruppe gewonnen oder eventuell in einem Spiel einen Vorteil errungen hat, kann diese Geste eingesetzt werden: „Ätsch, …".

Der Daumen einer Hand berührt die Nasenspitze.

Die anderen Finger dieser Hand stehen gespreizt voneinander vom Daumen ab und bewegen sich hin und her.

2.5.8 Die Nase zur Seite ziehen

Hier wird die Nase aus der Richtung weggenommen, aus der Informationen (als Geruch) aufgenommen werden.

Bildlich gesehen, möchte die Person ihr Gegenüber im Moment nicht ‚riechen' müssen.

Sie drückt also Missfallen der anderen Person oder dem Geschehen gegenüber aus.

Die Nasenspitze wird kurz auf eine Seite gezogen.

2.5.9 Die Nasenflügel blähen

Die Person holt tief Luft, um einen Angriff vorzubereiten.

Sie ist wütend.

Mit einem verbalen, aggressiven Einwand oder gar Angriff ist zu rechnen.

Die Nasenflügel werden aufgebläht.

2.5.10 Die Nasenflügel beben

Die Person ist innerlich ärgerlich und wütend.

Sie spürt aber ihre Unter-legenheit.

Die Nasenflügel fangen an zu beben.

Möglicherweise wird die Person anfangen zu weinen.

Die Nasenflügel beben, flattern.

2.6 Stirn, Schläfe, Ohr

2.6.1 Die Stirn vorn antippen

Diese Geste bedeutet: „Du spinnst wohl."

Mit dem Zeigefinger einer Hand die Stirn vorn antippen.

2.6.2 Die Stirn an der Seite antippen

Nicht zu verwechseln mit der Geste 2.6.1.

Hier wird das Gegenteil ausgedrückt. „Köpfchen, Köpfchen."

Die Person äußert sich bewundernd über eine dritte Person.

Aber auch, wenn der Person eine gute Idee gekommen ist: „Ach ja, das ist eine gute Idee."

Mit dem Zeigefinger einer Hand die Stirn an der Seite antippen.

2.6.3 Die Stirn mit allen Fingern antippen

Hier wird eine Person als verrückt bezeichnet.

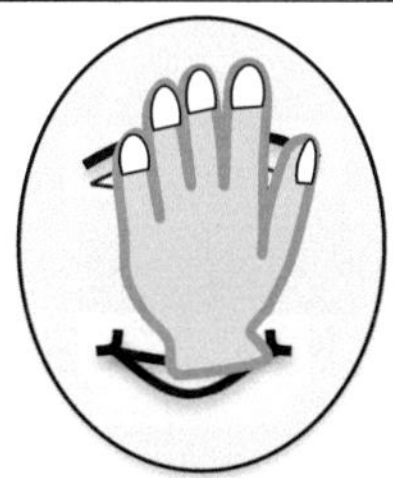

Mit allen Fingern einer Hand die Stirn vorn antippen.

2.6.4 Die Stirn drücken

Die Person zeigt, dass es ihr nicht gut geht.

Meistens sind bei dieser Bewegung auch die Augen geschlossen.

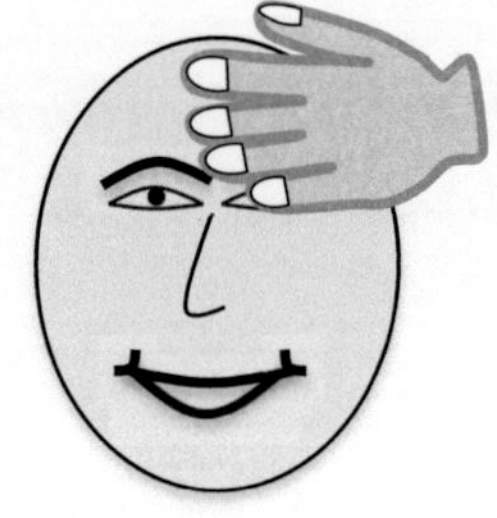

Diese Geste kann aber auch bildlich eingesetzt werden: „Das darf doch nicht wahr sein, was der/die da gerade sagt.

„Da wird mir ja ganz schlecht, wenn ich das höre."

Mit den Fingern einer Hand die Stirn vorn andrücken.

2.6.5 Mit der flachen Hand an die Stirn schlagen

100

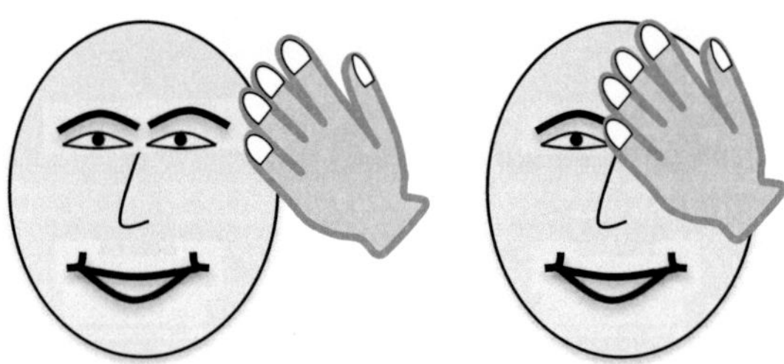

„Mensch, bin ich dumm. Wieso bin ich nicht gleich darauf gekommen?"

Hier bezeichnet sich die Person ausnahmsweise selbst als dumm.

Da aber die Erkenntnis bereits gereift ist, dass es eine bessere Lösung gibt, kann diese Geste nur positiv bewertet werden.

Mit der flachen Hand gegen die Stirn schlagen.

2.6.6 Die Stirn wischen

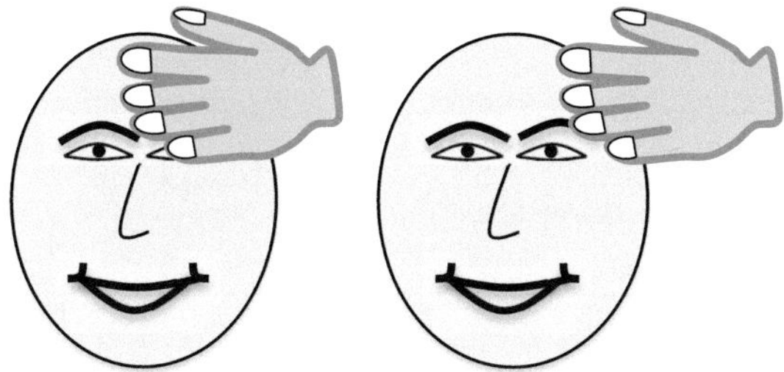

Die Person wischt sich symbolisch Schweiß von der Stirn, hervorgerufen durch eine brenzlige Situation, die gerade noch so gemeistert wurde.

Mit ‚Glück gehabt' kann deshalb diese Handbewegung übersetzt werden.

Mit den Fingern einer Hand über die Stirn wischen.

2.6.7 An die Stirn klopfen

Es ist schwer möglich, die Stirn zu zerstören in dem Sinne, dass Gedanken in den Kopf einer anderen Person gelangen können.

Hier müssen wohl Hindernisse überwunden werden.

Gelingt das nicht, wird diese Person gerne als Dickkopf bezeichnet.

„Das geht dem doch nicht in den Kopf …"

In der Regel wird diese Geste eingesetzt, wenn über eine dritte Person gesprochen wird.

Mit gekrümmten Fingern einer Hand an die Stirn klopfen.

2.6.8 Die Schläfe anbohren

Hier wird eine andere Person als verrückt bezeichnet.

Da dies keine sehr vorteilhafte Geste ist, sollte ein klärendes Gespräch geführt werden.

Mit dem Zeigefinger einer Hand die Schläfe von der Seite anbohren.

2.6.9 Die Schläfe umkreisen

Auch hier soll mitgeteilt werden, dass eine dritte Person ‚nicht ganz normal' im Kopf sein soll.

Solange diese Geste spaßhaft eingesetzt wird, kann sie vielleicht gerade noch akzeptiert werden.

Mit dem Zeigefinger einer Hand wird um eine Schläfe eine kreisende Bewegung vollführt.

2.6.10 In die Schläfe schießen

Die Person schießt sich symbolisch in die Schläfe.

Die ausgestreckten Finger symbolisieren den Lauf einer Pistole.

Was ist geschehen?

Sie will damit aussagen, dass sie eine so große Dummheit gemacht habe, dass sie sich eigentlich umbringen müsse.

Diese Handbewegung wird in der Regel nur scherzhaft eingesetzt.

Zeige- und Mittelfinger einer Hand berühren die Schläfe.

Der Daumen ist abgespreizt und Ringfinger und kleiner Finger sind gekrümmt.

2.6.11 Die Stirn runzeln

Die Person zeigt Zweifel am Geschehenen.

Sie ist sich nicht ganz sicher, ob es richtig ist, was sie da gesehen oder gehört hat.

„Na, ob das so stimmt?"

Die Stirn wird gerunzelt.

2.6.12 Mit den Händen die Ohren zuhalten

Diese Geste lässt zwei Deutungen zu.

Zum einen könnte es der Person zu laut sein.

Zum anderen möchte sie vielleicht jemandem nicht zuhören: „Ich will nicht hören, was du sagst."

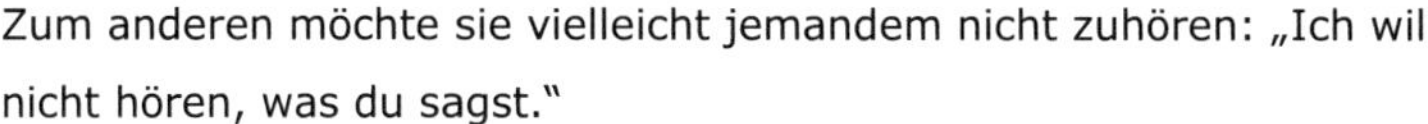

Mit beiden Händen werden die Ohren zugehalten.

2.6.13 Die Ohrmuschel vor-
drücken

Die Person verändert die Einfalls-
möglichkeit der Schallwellen, damit sie besser verstehen kann,
was gesagt wird.

In diesem Fall sollte der Gesprächspartner lauter sprechen oder störende Lärmquellen ausschalten.

Eine Hand drückt eine Ohrmuschel etwas nach vorn.

2.6.14 Das Ohr vergrößern

Die Person vergrößert künstlich
die Ohrmuschel, damit sie besser
verstehen kann, was gesagt
wird.

In diesem Fall sollte der Gesprächspartner lauter sprechen
oder störende Lärmquellen elimi-
nieren.

Diese Geste kann aber auch dann eingesetzt werden, wenn die Person – obwohl sie akustisch einwandfrei verstanden hat – sagen will:

„Was hast du da eben gesagt? Ich habe dich wohl nicht richtig verstanden."

Eine Hand wird hinter ein Ohr gehalten.

Der Daumen liegt am Kopf an.

Die Handfläche ist vom Gegenüber zu sehen.

2.6.15 Ein Eselsohr bilden

Hier werden dem Gegenüber Eselsohren gezeigt und damit auch klar ausgedrückt, was vom Gegenüber gehalten wird.

„Du [alter] Esel.“

Diese Geste wird spaßhaft einge-setzt.

Der Daumen berührt das Ohr, die Finger sind weit abgespreizt.

2.6.16 Mit den Fingern die Oh-ren zuhalten

Diese Geste ent-spricht jener von Bild 2.6.12.

Dort wurden die Ohren mit den Händen zugehal-ten.

Auch hier sind wieder folgende Deutungen denkbar:

1. Der Person ist es zu laut, der Geräuschpegel sollte gesenkt wer-den.

2. Die Person möchte keine andere Meinung akzeptieren.

Die Zeigefinger jeder Hand werden in die beiden Ohrmuscheln gehalten.

2.6.17 Am Ohrläppchen spielen

Die Person ist etwas nervös und augenblicklich auch etwas gehemmt.

Sie möchte liebkost und geliebt werden.

Da das im Augenblick niemand anderes tut, tut sie es selbst, indem sie gedankenverloren an ihrem Ohrläppchen spielt.

Mit Daumen und Zeigefinger an einem Ohrläppchen spielen.

2.6.18 Die Ohrmuschel nach vorn schnellen lassen

„Na, ich habe wohl nicht richtig gehört, was du da eben gesagt hast, du kleiner Schelm …"

Eine spaßhaft eingesetzte Geste, zum Beispiel dann, wenn der Gesprächspartner eine etwas zweideutige Aussagen gemacht hat.

Eine Ohrmuschel wird mit dem Zeigefinger mehrmals nach vorn geschnippt.

2.6.19 Ins Ohrläppchen kneifen

Am liebsten würde die Person ihrem Gegenüber die ‚Ohren langziehen‘.

Da sie das nicht kann, weicht sie auf das eigene Ohr aus und kneift sich ins Ohrläppchen.

Mit Daumen und Zeigefinger in ein Ohrläppchen kneifen.

2.6.20 Am Ohr kratzen

Die Person zeigt Nervosität und eine gewisse Unsicherheit.

Mit einem Zeigefinger an der Ohrmuschel kratzen.

2.6.21 Hinter dem Ohr kratzen

Die Person ist etwas nervös und unsicher.

Sie kann das Gehörte nicht richtig einordnen.

„Ich weiß nicht recht, …“

Mit einem Finger der Hand wird hinter dem Ohr gekratzt.

Kapitel 3

Deutung der Körpersprache Körper

Mit Händen und Füßen sprechen

„Der Körper, der Übersetzer ins Sichtbare.“
Christian Otto Josef Wolfgang Morgenstern, dt. Dichter
(1871 - 1914)

Der haltungsausstrahlende Oberkörper

Im Gegensatz zur Vielfältigkeit rund um den Kopf zeigt die Gesamthaltung des (Ober-)Körpers weniger Hinweise.

Steht oder sitzt die Person selbstbewusst und aufrecht? Beugt sie sich fragend, drohend oder interessiert nach vorn? Oder vergrößert sie gar die Distanz zum Gesprächspartner, in dem sie den Oberkörper zurückzieht?

Hin und wieder wird von einer ‚aufrechten' Haltung gesprochen.

Dabei ist auf der einen Seite die sichtbare kontrollierte Haltung des Körpers gemeint, wie im übertragenen Sinn auch die innerliche positive Haltung, den Gesprächsverlauf positiv zu führen.

Kann der Körper komplett betrachtet werden (also nicht hinter einem Pult oder im Sitzen hinter einem Tisch) ist sie auch auf weitere Distanz gut zu erkennen und zu deuten.

3.1 Oberkörper, Schultern, Brust, Bauch

3.1.1 Den Oberkörper weit nach vorn beugen

Der Abstand zwischen den beiden Gesprächspartnern verringert sich deutlich durch diese Körperhaltung.

Im Gegensatz zur folgenden Körperhaltung (Körper vorbeugen) wird hier allerdings in die Intimsphäre des Gesprächspartners eingedrungen, was jener als negativ empfinden kann.

Diese Körperhaltung ist überheblich und erzeugt aggressive Gefühle.

Der Oberkörper ist sehr weit zum direkt gegenübersitzenden Gesprächspartner vorgebeugt.

110

3.1.2 Den Körper vorbeugen

Durch das Vorbeugen des Oberkörpers verringert sich der Abstand zwischen den beiden Gesprächspartnern.

Die Person sucht Nähe, Kontakt
zum Gesprächspartner.

Diese Haltung ist sehr positiv für
den Gesprächspartner, da ein
eindeutiges Interesse an der Sache und dem Beitrag zu erkennen ist.

Ein vernünftiges Zusammenarbeiten ist zu erwarten.

Der Oberkörper ist weit zum Gesprächspartner vorgebeugt.

3.1.3 Den Oberkörper weit zurücklehnen

Durch das Zurücklehnen des
Oberkörpers wird die Distanz
zwischen den Gesprächspartnern
vergrößert.

Das heißt, es wird keine Überein-
stimmung, keine Nähe gesucht.

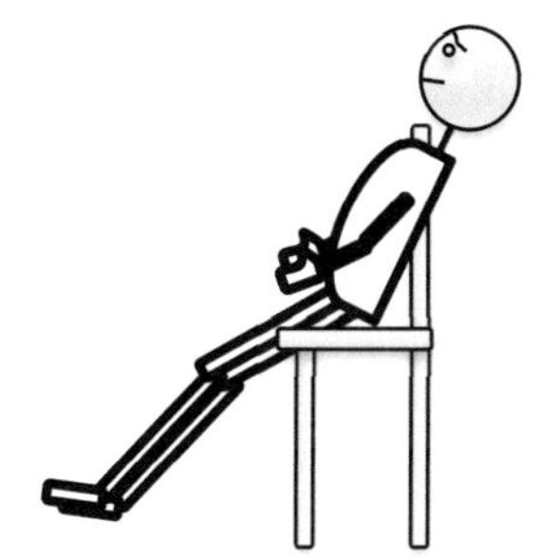

Dies ist kritisch für den Gesprächspartner, da die Haltung Missfallen
signalisiert, was die Sache oder die letzte Aussage betrifft.

Der Oberkörper ist weit vom Gesprächspartner entfernt.

3.1.4 Den Körper vorneigen

Die Körperhaltung zeigt aufmerksames Zuhören und, falls
der Kopf geneigt ist, auch eine
demutsvolle und unterwürfige
Haltung.

Zeigt die Person Ehrfurcht vor
dem Gesprächspartner, beugt sie
gegebenenfalls ebenso den
Oberkörper leicht nach vorn/un-
ten.

Im Stehen oder Sitzen ist der Oberkörper weit zum
Gesprächspartner vorgeneigt.

3.1.5 Eng vorgezogene Schul-
tern

Die Person ‚macht sich kleiner‘
und schützt sich durch das Zusammenziehen der Schultern.

Möglicherweise wird diese Körperhaltung verstärkt durch einen
nach unten geneigten Kopf.

Die Körperhaltung wird als leicht negativ bewertet, da hier Hemmungen und Schüchternheit zu Tage treten.

Eine vermeintliche Schwäche oder ein mangelndes Selbstvertrauen
wird gezeigt.

Die Schultern sind nach vorn zusammengezogen.

3.1.6 Auf die Schultern klopfen

Diese Geste wird eventuell als Eingriff in die Intimsphäre gedeutet.

Das Schulterklopfen soll Nähe und Sympathie zeigen, aber auch eine Art Ermutigung darstellen.

Obwohl die Geste eher in einer positiven Atmosphäre durchgeführt wird, kann es sein, dass der Gesprächspartner sie als unangenehm empfindet.

Bleibt die Hand zu lange auf der Schulter liegen, drückt der Stehende eine deutliche Dominanz über den Sitzenden aus.

Dem Gesprächspartner leicht ein-, zweimal auf die Schulter klopfen oder die Hand auf die Schulter legen.

3.1.7 Mit den Schultern zucken

Eine Aussage, die leicht verständlich ist: „Ich weiß nichts."

Oder: „Ich kann mir nichts unter dem Gesagten vorstellen."

Eventuell ist diese Körperhaltung auch als gewisses Desinteresse an der Sache zu deuten.

Mit den Schultern ein oder mehrmals zucken.

113

3.1.8 Die Achseln unterhaken

Eine Person, die sich so verhält, ist mit sich und der Welt sehr zufrieden und steht den Dingen offen gegenüber.

Jedoch wirkt diese Geste dem Gesprächspartner gegenüber schnell überheblich.

Manchmal heißt es aber auch: „Ich bin bereit. Lass uns anfangen!"

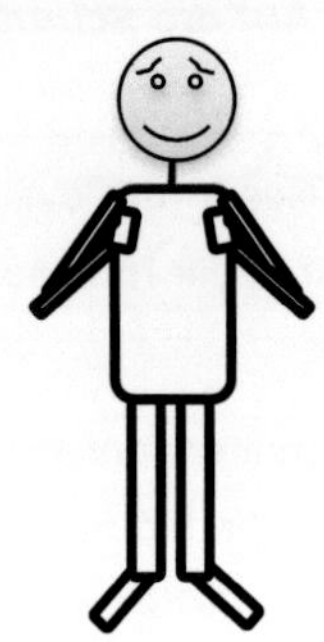

Die Daumen sind unter die Achseln gesteckt und die Finger fächerförmig ausgebreitet.

3.1.9 Den Bauch durchschneiden

„Bis hierher – und nicht weiter!" Die Person ‚hat die Nase voll'.

Sie schneidet sozusagen mit dieser Geste das Thema ab.

Mit der flachen Hand, die Handfläche nach oben, eine ‚schneidende' Bewegung in Höhe des Bauches von links nach rechts durchführen.

3.1.10 Auf den Bauch klopfen

Die Aufmerksamkeit wird auf den wohlgenährten Bauch gelenkt.

Ein Zeichen dafür, dass es der Person gut geht und sie wohlgenährt ist.

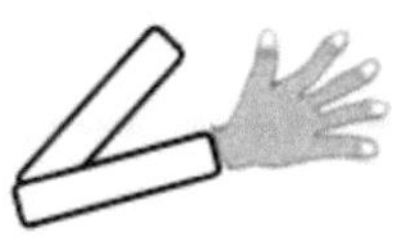

Oftmals wird bei dieser Körperhaltung gleichzeitig der Oberkörper nach hinten gelehnt.

Mit einer oder beiden Händen leicht auf den Bauch klopfen.

3.1.11 Die Hand auf den Bauch legen

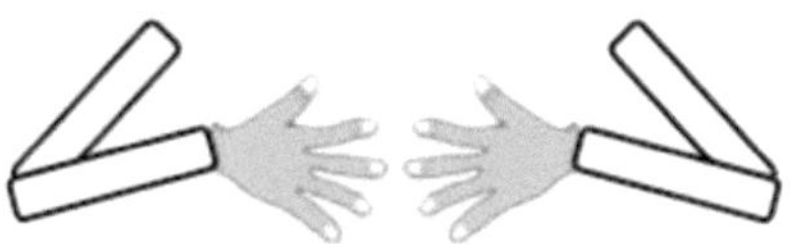

„Ich bin glücklich und zufrieden. Ich bin satt."

Manchmal auch ein Zeichen dafür, dass die Person zu viel gegessen hat und nun einen Druck im Bauch verspürt.

Diese Geste ist oft nach der Mittagspause zu beobachten.

Die Energie geht nun vom Kopf in den Bauch, um die aufgenommene Nahrung zu verdauen.

Damit ist ‚Kopfarbeit' kaum möglich.

Eine oder beide Hände auf den Bauch legen.

115

3.1.12 Die Brust einmal antippen

Der Zeigefinger bleibt an der Brust liegen und die Person fragt den Gesprächspartner: „Meinst du etwa mich?"

Oft wird gleichzeitig die Stirn gerunzelt und die Augenbrauen werden gehoben.

Diese Körperhaltung kann zum Beispiel beobachtet werden, falls jemand eventuell zu Unrecht beschuldigt wird.

Mit dem Zeigefinger einmal an die eigene Brust tippen.

3.1.13 Die Brust mehrmals antippen

Bei dieser Geste soll die Aufmerksamkeit auf sich selbst gelenkt werden.

„Schaut auf mich, hier bin ich."

Manchmal auch belehrend eingesetzt zur Unterstützung der verbalen Aussage: „Ich habe euch
schon immer gesagt ..."

Meist ist die Person aber guter Laune und das ‚Problem' ist spiele-
risch lösbar.

Mit dem Zeigefinger mehrmals an die eigene Brust tippen.

3.1.14 Die Brust drücken

Eine leicht aggressive Körperhaltung.

„Ich muss mich zügeln, sonst ex-
plodiere ich."

Die Person ist wütend auf eine
andere, meist nicht anwesende
Person, die sie am liebsten körperlich angreifen würde.

Da die Fäuste allerdings an den Körper gedrückt werden, hält sich
die Person sozusagen selbst zurück.

Diese Körperhaltung wird durch eine entsprechende Mimik unterstützt.

Eine oder beide geballte Fäuste an die Brust drücken.

3.1.15 Die Brust halten

Diese Körperhaltung zeigt Überraschung. Eine Person fühlt sich verbal angegriffen und beteuert durch diese Geste ihre Überraschung und Unschuld. „Ich bin mir keiner Schuld bewusst."

Meist werden gleichzeitig die Augenbrauen überrascht in die Höhe gezogen.

Eine oder beide Hände auf die Brust legen und dort andrücken.

3.1.16 An die Brust klopfen

Die Aufmerksamkeit wird auf sich gelenkt. „Achtung, ich bin auch noch hier. Ich bin gemeint!"

Diese Geste wird oft als Unterstützung einer verbalen Aussage bekräftigend eingesetzt.

Mit den Fingerspitzen einer oder beider Hände mehrmals an die Brust klopfen.

3.1.17 An die Brust schlagen

Eine Körperbewegung, die in der Regel von Männern ausgeführt wird.

Es soll gezeigt werden, wie stark die betreffende Person ist.

Vergleiche aus der Tierwelt (zum Beispiel bei bestimmten Affenarten) sind angebracht.

Die Geste wird manchmal auch scherzhaft eingesetzt.

Eine oder beide Fäuste schlagen mehrmals gegen die eigene Brust.

3.1.18 Die Hände über der Brust kreuzen

Mit dieser Körperhaltung beteuert die Person ihre Unschuld.

„Ich sage die Wahrheit. Ich schwöre."

Bei einigen islamischen Kulturen auch als Gruß zu beobachten.

Die Hände liegen über Kreuz auf der Brust.

3.1.19 Beide Arme werden vor den Bauch gelegt

Dies ist eine etwas schwächere Form der Körpersprache ‚Arme vor dem Oberkörper verschränkt' (siehe 4.1.1).

Dabei liegen die Arme nicht über Kreuz. Die Geste zeigt, dass die Person unsicher und gehemmt ist und sich an sich selbst festhält.

Beide Arme sind parallel zueinander vor den Bauch gelegt.

3.1.20 Die linke Hand auf die Brust gelegt

Dies ist eine Unschuldsbeteuerung. „Bei meiner Ehre…"

Die Person gibt zu verstehen, dass sie nichts zu verbergen hat.

Eine Hand liegt flach auf der Brust.
In der Regel handelt es sich um die linke Hand.

3.1.21 Das Jackett beim Gespräch öffnen

Diese Geste lässt zwei Möglichkeiten der Deutung zu:

1. „Es wird mir warm. Ich fühle mich nicht ganz wohl in meiner Haut. Am liebsten möchte ich aus meiner Haut schlüpfen."

2. Eine gewisse Form der Arroganz.

Die Person zeigt den anderen, dass sie ‚über' diesen steht und sich erlaubt, die formelle Gesprächssituation durch das informelle Öffnen des Jacketts zu bestimmen.

Während des Sprechens werden die Knöpfe des Jacketts geöffnet.

3.1.22 Beide Arme sind hinter dem Rücken verschränkt

Zwei Deutungen sind möglich:

1. „Ich fühle mich wohl." Die empfängliche Körperseite zeigt offen zum Gesprächspartner. Es wird kein Angriff erwartet, denn es würde viel zu viel Zeit dauern, die Hände zum Schutz nach vorne zu holen.

2. „Ich bin etwas nervös." Die Hände werden hinter dem Rücken versteckt, sodass die Gesprächspartner ein eventuelles Zittern der Hände nicht sehen können.

Beide Arme werden hinter den Rücken gelegt.

Dort überkreuzen sich die Handgelenke.

Eine Hand hält das andere Handgelenk fest.

3.1.23 Einen Arm hinter den Rücken legen

Wird ein Arm hinter den Rücken
gelegt, ist die Person leicht verlegen.

Die Gesprächspartner können
nicht sehen, was die Hand dieser
Person macht.

Ein Arm wird etwa in Höhe der Nieren hinter den Rücken gelegt.

120

Kapitel 4

Deutung der Körpersprache
Arme

Gesten lassen Gedanken sichtbar werden

„Nichts gibt mehr Ausdruck und Leben, als die Bewegung der Hände; im Affekte besonders ist das sprechendste Gesicht ohne sie unbedeutend."
Gotthold Ephraim Lessing, dt. Schriftsteller
(1729 - 1781)

Die raumnehmenden Arme und Hände

Am Tisch sitzend oder hinter einem Pult stehend verdeckt die Person einen relativ großen Teil des Körpers.

Das hat zur Folge, dass die von dort ausgehende Körpersprache nicht beim Gesprächspartner ankommen kann.

Umso wichtiger ist es, dass die Arme (und Hände) deutlich zum Einsatz kommen.

Es wird ermöglicht, Zeigegesten („so groß") oder Bewegungsabläufe („von hier bis dort") körpersprachlich darzustellen.

Die Darstellung unterstreicht die gesprochene Nachricht und macht dadurch das verbal Ausgesprochene leichter verständlich. Das Kommunizierte wird besser verstanden.

Unaufmerksam oder schüchterne Vortragende verstecken schon mal ihre Hände hinter dem Pult oder unter der Tischfläche. Sie hemmen dadurch in der Regel ihre Kommunikationsfähigkeit und Ausdruckskraft.

Also heißt es: Hände nicht verstecken! Hin und wieder werden sie ruhig abgelegt (zum Beispiel beim Zuhören).

Beim Sprechen werden sie schließlich lebhaft eingesetzt, ohne dass die Zuhörenden oder Gesprächspartner ein ‚zielloses Umherzappeln' spüren.

4.1 Ellenbogen, Arme

4.1.1 Die Arme vor dem Oberkörper verschränken

Diese Körperhaltung wird als Reaktion auf einen vorangegangenen Vorfall sehr negativ bewertet.

Die Person verschließt sich, möglicherweise verspürt sie Angst, Hemmungen oder ein Unwohlsein.

Sie versucht daher aus dieser Furcht heraus einen vermeintlichen Angriff abzuwehren. Solange die Person diese Haltung einnimmt, blockt sie alles ab und ist nicht fähig oder willens, Argumente aufzunehmen.

Der Gesprächspartner sollte versuchen, die Situation zu entspannen; denn erst, wenn die Arme locker neben dem Körper hängen, ist die Person wieder offen für das eigentliche Gespräch.

Beide Arme sind vor der Brust verschränkt.

Eine Hand ist sichtbar, die andere fast versteckt gehalten.

Gegebenenfalls wird einmal mit einem Fuß fest auf den Boden gestampft.

4.1.2 Ausholende Armbewegung

Die weit ausholende Armbewegung während des Sprechens, Vortragens und Gestikulierens zeigt eine große Selbstsicherheit.

Die Person hat keinerlei Angst, ‚sich zu öffnen '.

Eine ausholende Armbewegung während des Gestikulierens.

4.1.3 Enge Armbewegung

Die wenig ausholende Armbewegung während des Sprechens, Vortragens und Gestikulierens zeigt ein gewisses Maß an Unsicherheit.

Der Arm ist immer in der Nähe des Körpers und bereit, diesen bei einem vermeintlichen Angriff schnell zu schützen.

125

Eine enge Armbewegung während des Gestikulierens.

4.1.4 Beide Arme hochheben

In der Regel kann diese Armhaltung positiv gesehen werden. „Mensch, mir geht es gut!"

Oder: „Super, ich habe schon wieder gewonnen!"

Begeisterung und positive Zustimmung werden ausgedrückt.

Beide Arme etwa bis zum Kopf hochheben.

4.1.5 Beide Arme über den Kopf heben

Mit dieser Geste wird eine große Begeisterung ausgedrückt:

„Hurra, wir haben gewonnen, wir sind die Sieger."

Es ist eine stärkere Ausdrucksform als in Bild 4.1.5 und wird eventuell auch in Situationen gewählt, in denen sich Spannungen oder Anstrengungen lösen.

In der Regel ist sie positiv zu deuten.

Beide Arme werden weit über den Kopf gestreckt, wobei sie hin und her ‚zucken‘ können.

4.1.6 Beide Arme liegen am Körper an

Bei dieser entspannten und neutral-offenen Körperhaltung steht die für Informationen offene Person vor dem Gesprächspartner.

Wird diese Körperhaltung länger beibehalten, wirkt die Person eher steif und unflexibel.

Während einer Rede wird mehr Bewegung erwartet.

Beide Arme liegen locker am Oberkörper an.

4.1.7 Die Hände hinter dem Kopf verschränken

Diese Sitzweise soll bequem wirken und eine sichere Situation zeigen. Tatsächlich verrät sie eine abweisende Haltung zum Gesprächspartner.

Die Person will mit dem besprochenen Thema nichts zu tun haben – das zeigt das weite Zurücklehnen.

Und die Person macht es sich bequem, möchte also mit der Sache ‚eigentlich' nichts zu tun haben.

Abgesehen davon ist diese Körperhaltung im Sinne der Umgangsformen eher unhöflich dem geschäftlichen Gesprächspartner gegenüber.

127

Die Beine sind im Sitzen, parallel zueinander, weit von sich gestreckt.

Der Oberkörper ist nach hinten gelehnt.

Die Arme greifen nach oben, wo sich die Hände hinter dem Kopf verschränken.

4.1.8 Einen Arm heben

Hier soll Aufmerksamkeit erregt werden.

„Hallo, hier bin ich!"

Ein Arm wird gehoben, die Handfläche zeigt zum Gesprächspartner.

4.1.9 Einen Arm fassen oder auf die Schulter legen und die Hand geben

Beide zeigen, dass sie sich gleich stark fühlen, da beide ihre linke Hand auf die Schulter des Gegenübers legen.

Sie demonstrieren damit eine gewisse Verbundenheit.

Einem Fremden würde wohl kaum die Hand auf die Schulter gelegt werden.

Mit der linken Hand wird der Oberarm des Gesprächspartners gegriffen.

Oder die Hand wird auf die Schulter des Gesprächspartners gelegt.

4.1.10 Die Arme ausstrecken

Die Person verkürzt durch das Vorstrecken der Hände die Distanz zum Gesprächspartner.

Das ist positiv zu werten.

Diese Körperhaltung sagt: „Sei herzlich willkommen!"

Oder: „Komme zu mir!" „Komme in meine Arme und fühle dich geborgen!"

Beide Arme werden dem Gesprächspartner entgegengestreckt.

Die Daumen zeigen nach außen und nach oben.

4.1.11 Die Arme hinter den Rücken legen

Zwei Deutungen sind möglich:

1. „Ich fühle mich wohl." Die empfängliche Körperseite zeigt offen zum Gesprächspartner. Es wird kein Angriff erwartet, denn es würde viel zu viel Zeit dauern, die Hände zum Schutz nach vorne zu holen.

2. „Ich bin etwas nervös." Die Hände werden hinter dem Rücken versteckt, sodass die Gesprächspartner ein eventuelles Zittern der Hände nicht sehen können.

Beide Arme werden hinter den Rücken gelegt. Dort überkreuzen sich die Handgelenke. Eine Hand hält das andere Handgelenk fest.

129

4.1.12 Die Arme in die Seite stemmen

Mit dieser Geste wird der Körper künstlich vergrößert. Der Gesprächspartner soll Respekt vor der Person bekommen. Die Haltung kann übersetzt werden mit: „Bleib mir vom Hals, sonst gibt es Ärger."

Möglicherweise ist die Person aus irgendeinem Grund innerlich aggressiv. Für den Gesprächspartner heißt das, dass er versuchen sollte, bestehende Aggressionen abzubauen.

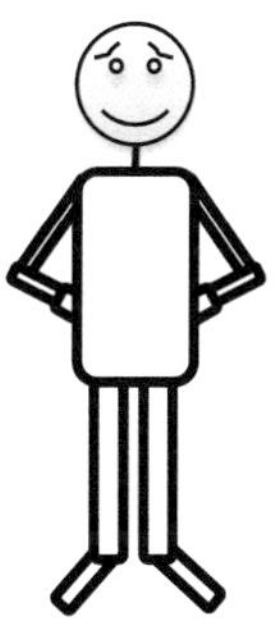

Die Hände sind in die Hüfte gestemmt.

4.1.13 Die Armmuskeln spielen lassen

Die Person will zeigen, wie stark sie ist.

Im Gespräch wird diese Gestik meist nur scherzhaft eingesetzt.

Der Arm wird hochgehoben und die Muskeln werden gezeigt.

4.1.14 Beide Arme liegen unter dem Tisch

Die Person fühlt sich in der augenblicklichen Lage nicht sehr wohl.

Vielleicht ist sie nervös und gehemmt.

Sie versteckt die Hände unter der Tischplatte, damit das Gegenüber nicht an möglicherweise verkrampften Fingern die innere Angespanntheit erkennen kann.

Beide Arme liegen auf den Schenkeln.

Die Hände sind unter der Tischplatte versteckt.

4.1.15 Beide Unterarme liegen auf dem Tisch

Da die Arme nicht blockieren, deuten sie eine offene Körperhaltung an, die allerdings bei Gefahr recht schnell geschlossen werden kann.

Die Person ist uneingeschränkt aufmerksam und hat nichts zu verbergen.

Diese Körperhaltung ist für den Gesprächsverlauf positiv.

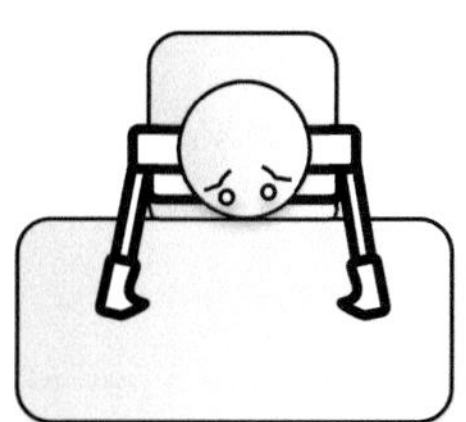

Beide Unterarme liegen parallel zueinander auf der Tischplatte.

Die Hände liegen auf den Handkanten und zeigen in Richtung des Gesprächspartners.

131

4.1.16 Mit der Faust den Kopf stützen

Hier wird der Kopf so schwer, dass er gestützt werden muss.

Vielleicht liegt Müdigkeit vor?

Grundsätzlich ist Interesse an der Sache zu vermerken, da der Kopf auf diese Art näher zum Gegenüber kommt.

Der Ellenbogen wird auf dem Tisch abgestützt und das Kinn liegt auf der Faust.

4.1.17 Beide Unterarme liegen vor dem Körper auf dem Tisch

Einerseits ist die Person am Geschehen interessiert.

Andererseits schützt sie sich vor möglichen Angriffen.

Die Arme bilden eine Art Barriere.

Der Gesprächspartner erzielt durch das Schaffen einer stress- und angstfreien Situation ein Wegnehmen der Arme und somit einen ‚freien‘ Zugang zum Gegenüber.

Beide Unterarme liegen aneinander auf der Tischfläche.

4.1.18 Ein Unterarm liegt auf dem Tisch, der andere Arm ist unter dem Tisch

Zum einen wird Kontakt gesucht – der obenliegende Arm zeigt das – andererseits ist die Person scheu und gehemmt.

Der Gesprächspartner kann durch das Schaffen einer stress- und angstfreien Situation erreichen, dass der Arm vom Tisch genommen und damit ein ‚freier‘ Zugang zu ihm hergestellt wird.

Ein Unterarm liegt auf der Tischfläche, der andere darunter.

4.1.19 Ein Unterarm liegt im Bogen auf dem Tisch

Die Person ist zum Gesprächspartner hin orientiert.

Mit dem lang aufliegenden Arm wird eine Blockade zu anderen Personen aufgebaut.

Niemand soll das ‚Verhältnis' der beiden nebeneinander sitzenden Personen stören.

Der vom Gesprächspartner weiter entfernte Arm liegt im großen Bogen auf dem Tisch.

Der andere Unterarm liegt auf dem Tisch direkt vor dem eigenen Körper.

4.1.20 Ein Unterarm liegt zwischen dem Tischnachbarn

Mit dem – zwischen den beiden nebeneinander sitzenden Personen – lang aufliegenden Arm wird eine Blockade aufgebaut.

Die Person möchte keinen Kontakt mit dem Nachbarn aufnehmen.

Möglicherweise wird diese Körperhaltung durch ein leichtes Zudrehen der Rückenpartie verstärkt.

Hier zeigt sich ein klares, nonverbales Nein.

Der dem Gesprächspartner näherliegende Arm liegt im großen Bogen auf dem Tisch.

Der andere Unterarm liegt auf dem Tisch direkt vor dem eigenen Körper.

4.2 Hände, Faust

4.2.1 Mit den Händen am Stuhl festklammern

Die Person ist sehr nervös und unruhig. Sie versucht ihre An-spannung zu verbergen, indem sie sich an der Sitzfläche schutz-suchend festklammert. Sie ver-meidet damit, dass ihre Hände zu sehen sind, die die Anspan-nung verraten können.

Der Gesprächspartner sollte versuchen, die angespannte Situation zu ,entkrampfen' und eine ,positive Atmosphäre' zu schaffen.

Die Person klammert sich mit einer oder beiden Händen an der Sitzfläche fest, auf der sie sitzt.

4.2.2 Mit der flachen Hand auf den Tisch hauen

Die Person bekräftigt das, was sie soeben gesagt hat. „So ist das. So und nicht anders. Bis hierher und fertig."

Lehnt sich die Person nach dieser Bewegung im Stuhl zurück, unter-streicht sie die Endgültigkeit der Aussage.

Mit einer flachen Hand wird auf die Tischfläche gehauen.

4.2.3 Hände in die Hüften stemmen

Die Person versucht, sich stärker und größer zu machen, als sie ist.

Gleichzeitig hält sie sich an sich selbst fest.

Dieses Verhalten entspricht einerseits einem Imponiergehabe, zum anderen wird Entrüstung ausgedrückt: „Also, das sage ich dir aber!"

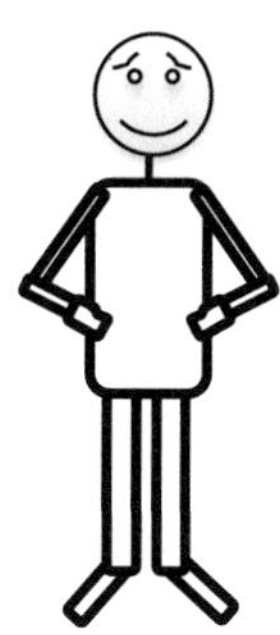

Stehend sind beide Hände in die Hüften gestemmt.

4.2.4 Eine Hand in die Hosentasche stecken

Dies soll lässig wirken. Möglicherweise wird eine ganz leichte Unsicherheit versteckt.

Obwohl nach heutigen Umgangsformen diese Körperhaltung in Ordnung ist, sollte sie speziell in den ersten Minuten nicht eingesetzt werden.

Die Person will zeigen, dass sie sich relativ sicher fühlt.

Tatsächlich ‚versteckt' sie die Hand, die relativ viel ‚verraten' kann.

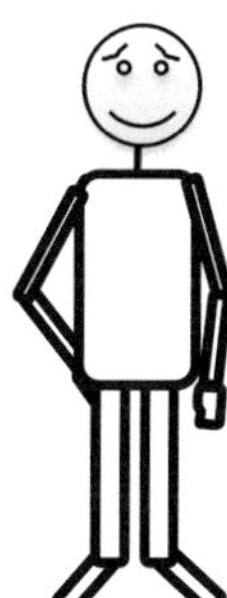

Eine Hand steckt in der Hosentasche.

4.2.5 Beide Hände in die Hosentaschen stecken

Nach heutigen Umgangsformen wird diese Körperhaltung als sehr unhöflich und arrogant gewertet.

Die Person will zeigen, dass sie die Situation beherrscht, ist in Wirklichkeit aber wahrscheinlich sehr nervös.

Der Gesprächspartner könnte dieser Person zum Beispiel eine Unterlage reichen, damit zumindest eine Hand aus der Hosentasche genommen wird.

Die Person kann sich dann an dieser Unterlage ‚festhalten‘.

Beide Hände stecken in den Hosentaschen.

4.2.6 Mit den Händen ein Spitzdach formen

Zeigen die Fingerspitzen zu einem Spitzdach nach oben, so kann diese Haltung Arroganz ausdrücken: „Jetzt höre mal zu!"

Zeigen die Fingerspitzen des Daches zum Gegenüber, ist mit einem verbalen Angriff zu rechnen.

Die Fingerspitzen beider Hände werden aneinander gelegt, sodass eine Art ‚Spitzdach‘ entsteht.

4.2.7 Die Hände reiben

Die Person ist selbstsicher und gut gelaunt.

Das Geschäft gilt als ‚gemacht'.

Eine typische Geste bei Verkäufern, denen eben ein Geschäftsabschluss gelungen ist.

Meist wird diese Handbewegung durch einen positiven Gesichtsausdruck, wie ein verschmitztes Lächeln, verstärkt.

Die Hände werden aneinander gerieben.

4.2.8 Die Hand bei der Begrüßung von oben geben

137

Dies ist eine sehr arrogante Haltung, bei der die Person zeigen möchte, dass sie ihrem Gegenüber überlegen ist.

Der Gesprächspartner sollte diese Person ‚behutsam' vom ‚hohen Pferd' herunterholen.

Die rechte Hand wird bei der Begrüßung von oben gereicht, das heißt, der Gesprächspartner blickt auf den Handrücken.

4.2.9 Die Hand als Bug

Die Person bahnt sich mit dieser
Handbewegung einen Weg durch
eine gedachte Menge.

Dies geschieht, um sich Platz
und Raum zum Durchgehen zu
verschaffen.

Oder in der Präsentation, um
sich durch die im Raum stehen-
den Argumente ‚zu pflügen‘.

Eine Hand wird erhoben und zwar etwa bis zur Höhe des Halses.

Das Gegenüber sieht die Handkante.

Mit der Hand wird eine Vorwärtsbewegung angedeutet.

4.2.10 Mit dem Schreibstift spielen

Die Person ist gedanklich abwe-
send oder aber nervös und verkrampft.

Möglicherweise liegt auch etwas
Angst vor.

Zeigt die Schreibstiftspitze zum
Gegenüber, ist mit einem ‚verbalen Angriff‘ zu rechnen.

Zeigt sie jedoch auf die Person selbst, bezieht sie die folgende Aussage auf sich.

Eine egoistische Betonung kann in diesem Falle vorliegen.

Gedankenabwesend wird mit einem Schreibstift in der Hand gespielt.

Der Stift wird gedreht und gewendet.

4.2.11 Die Hand zur Faust ballen

Die Person hält im Augenblick ihre Erregung zurück.

Sie ist wütend, möchte ‚draufhauen'.

Mit einem verbalen Angriff ist zu rechnen.

Eine Hand wird zur Faust geballt.

4.2.12 Mit der Hand abwinken

Mit dieser Handbewegung wehrt die Person ab: „Nein, nein!" Oder „Nicht mich nehmen!" Die Hand wird erhoben und leicht hin und her bewegt.

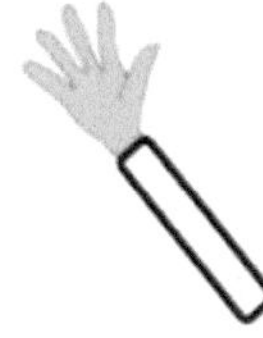

Der Gesprächspartner sieht dabei die Handfläche der Person. Sie möchte sich zu einem Thema nicht äußern.

Mit einer erhobenen Hand leicht abwinken.
Die Handinnenfläche zeigt zum Betrachter.

4.2.13 Mit den Fingern wedeln

Eine Person möchte eine Aussage in sich aufnehmen, kann sie aber im Moment noch nicht ganz verstehen und verarbeiten.

Verbal übersetzt: „Was meinst du mit deiner Aussage?" Oder „Was willst du genau?"

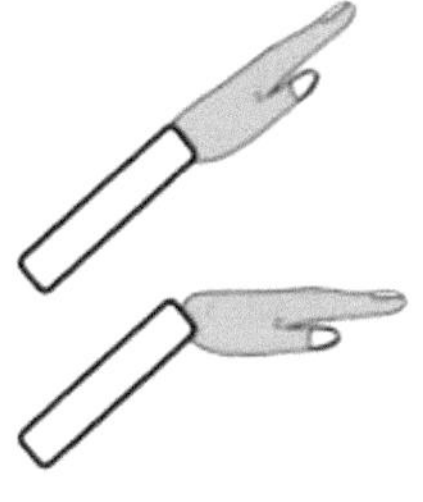

Eine gewisse Ungeduld beim Fragenden ist nicht zu übersehen. Der Gesprächspartner sollte seine Ausführungen nochmals mit anderen Worten wiederholen.

Die geschlossenen Fingerspitzen einer Hand bewegen sich auf den Kopf zu und dann abwechselnd aus dem Handgelenk auf und ab.

4.2.14 Küssen der Fingerspitzen

Bildlich gesehen hat die Person gerade
ihre Fingerspitzen geküsst und wirft
diesen Kuss in den Raum oder einer
anderen Person oder zu.

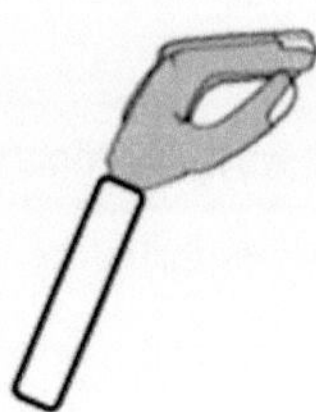

Die Person ist von einer Sache oder einer Aussage sehr überzeugt: „Erste
Sahne."

Oder: „Spitze".

Die geschlossenen Fingerspitzen bewegen sich vom Mund weg.

Dabei öffnen sich die Fingerspitzen.

4.2.15 Eine Hand hin und her dre-
hen

Bei dieser Handbewegung sind die Fingerspitzen auf das Gegenüber gerichtet, was als gewisser Angriff gedeutet
werden könnte.

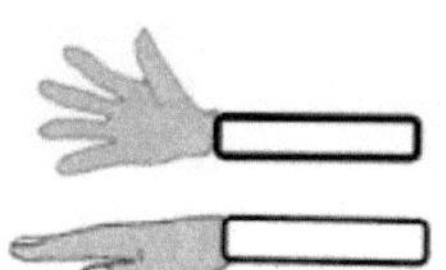

Die Bewegung der Hand nach links und
rechts deutet an, dass die gehörte
Aussage nicht ganz akzeptiert wird.
„Na, ich weiß nicht recht."

Auch auf die Frage: „Wie geht es?" oder: „Wie kommen Sie mit dieser Aufgabe voran?" ist diese Handbewegung zu sehen.

Sie sagt dann aus: „So lala." „Es geht so."

In beiden Fällen sollte der Gesprächspartner eine Hilfestellung geben, indem er das Gesagte oder die gestellte Aufgabe in andere
Worte fasst.

Die Hand, deren Fingerspitzen zum Gegenüber zeigen, steht zuerst
senkrecht. Dann wird sie hin und her bewegt.

4.2.16 Eine Hand drehen

Eine Geste, die Zweifel anzeigt.

„Ob das alles so stimmt, was ich gerade gehört habe?"

Der Gesprächspartner sollte seine Aussage mit anderen Worten wiederholen, dabei den Betreffenden im Auge behalten und eventuell direkt ansprechen und fragen, ob er anderer Meinung sei.

Die Hand befindet sich auf Kopfhöhe.

Sie wird im Handgelenk hin und her gedreht.

Der Daumen zeigt zum Kopf.

4.2.17 Eine Hand fallen lassen

141

Da mit der Hand bildlich nach etwas geschlagen wird, ist diese Bewegung abwehrend zu deuten:

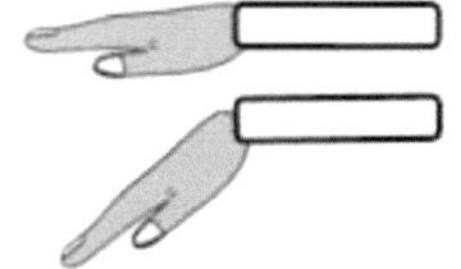

„Ach, geh weg, was soll ich damit?"

Oder: „Das ist nicht mein Fall."

Eine Hand, mit dem Handrücken oben, wird mit leicht ausgestrecktem Arm fallengelassen.

4.2.18 Mit einer Hand in die andere hacken

Dies ist eine deutlich aggressive Geste.

Hier wird ein Argument ‚abge-hackt'.

Die Aussage könnte sein: „Ich stelle klar."

Oder: „So ist es gemeint und nicht anders."

Die Person zeigt, dass sie sich auf keine weitere Diskussion zu diesem Thema einlassen will.

142

Steht ihre Meinung im krassen Widerspruch zu der des Gesprächs-partners, sollte dieser im Moment nicht weiter darauf eingehen.

Er könnte sagen: „Wollen wir diese Aussage einmal so im Raum ste-henlassen."

Mit einer Hand wird in die Handfläche der anderen ‚gehackt'.

4.2.19 Mit einer Hand herbei-winken

Mit einer Hand wird eine andere Person zu sich gewinkt.

„Komme näher zu mir."

Der rechte Arm wird angewinkelt angehoben.

Die Handfläche zeigt zum Körper.

Die Hand winkt aus dem Handgelenk heraus zum eigenen Körper.

4.2.20 Eine Hand hochwerfen

Bei dieser Geste wird etwas über
die Schulter geworfen.

Die Person möchte es nicht mehr
haben und wirft es weg.

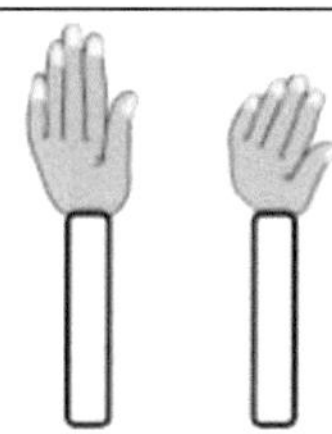

Es ist keine positive Geste, da es sich in diesem Fall um einen Beitrag oder ein Thema handelt: „Nach mir die Sintflut."

Oder „Das geht euch alle nichts an."

Ein gewisses Desinteresse ist vorhanden.

Mit einer Hand wird bildlich etwas über die Schulter geworfen.

4.2.21 Eine Hand ans Ohr halten

Diese Geste kann entweder bedeuten,
dass jemand am Telefon gewünscht wird
oder dass die Person selbst telefonieren
möchte.

143

Manchmal wird auch nur der Zeigefinger das Ohr betonend ausgestreckt, als wolle die Person die Wählscheibe drehen.

In den meisten Fällen wird die rechte Hand zum rechten Ohr geführt.

4.2.22 Mit einer Hand eine
Höhe abmessen

Die Person zeigt die Höhe bzw.
Größe eines Gegenstandes oder
einer Person an. „Etwa so
hoch/groß."

Dies ist eine neutrale und infor-
mative Geste.

Eine Hand wird mit dem Handrücken nach oben leicht ausgestreckt
und zeigt eine Höhe beziehungsweise Größe an.

4.2.23 Eine Hand kreist am Kopf

Die Person weist auf das Gehirn hin und will andeuten, dass nicht alles im Kopf stimmt.

„Der/die ist nicht ganz sauber im Kopf."

Eine Person deutet mit dem ausgestreckten Zeigefinger auf seine Schläfe und dreht dann im Handgelenk die Hand.

Der Zeigefinger folgt einer Kreisbewegung.

4.2.24 Eine Hand vor dem Bauch auf und ab bewegen

Die Hand bewegt sich vor dem eigenen Bauch. Ist die Auf- und Abbewegung gleich stark ausgeprägt, kann die Geste etwa so übersetzt werden: „Ui ui, ui."

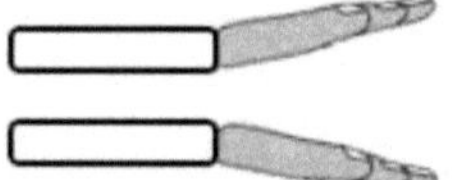

Ist die Aufwärtsbewegung deutlicher ausgeprägt, heißt sie eher: „Hau ab!"

Die flache Hand – mit dem Daumen zum eigenen Körper – bewegt sich aus dem Handgelenk heraus nach oben und unten.

4.2.25 Eine Hand als Ring

Wird solch eine Geste benutzt, handelt es sich um eine positive Aussage: „In Ordnung."

Die Person ist mit dem Beitrag oder dem Gesprächsinhalt voll einverstanden.

Ein Arm wird rechtwinklig nach oben gehalten.

Zeigefinger und Daumen der Hand bilden einen Ring.

4.2.26 Den Handring küssen

Bezüglich des Gesagten oder Vollbrachten ist es eine positive Geste.

Umgangssprachlich übersetzt: „Erste Sahne! Toll!"

Ein Arm wird nach oben genommen. Zeigefinger und Daumen einer Hand bilden einen Ring. Dieser Ring wird an den zusammenliegenden Finger- und Daumenspitzen geküsst.

4.2.27 Mit der Hand salutieren

Mit der Hand zu salutieren ist ein militärischer Gruß, der als gutgemeinter ‚Gag' eingesetzt wird. Die Person grüßt ‚erhaben unterwürfig' das Gegenüber.

Sie zeigt damit ‚Unterwürfigkeit' und Achtung vor dem Gegenüber.

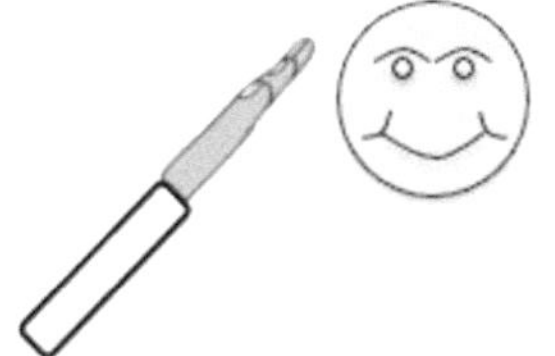

145

Die geschlossenen Fingerspitzen einer flach ausgestreckten Hand berühren andeutungsweise die Schläfe.

4.2.28 Auf die eigene Hand schlagen

Die Person ‚bestraft' sich selbst, indem sie sich auf die eigene Hand schlägt.

„Na, das hätte ich nicht tun/sagen sollen."

Sie erkennt, dass sie einen Fehler begangen hat.

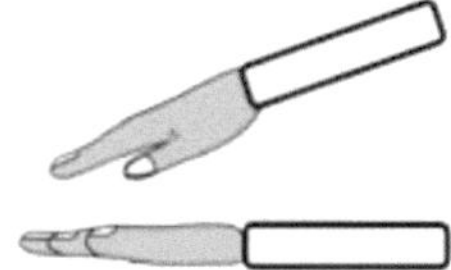

Die obere Hand schlägt flach auf die leicht ausgestreckte untere Hand, deren Handrücken nach oben zeigt.

4.2.29 In die Hand schreiben

Bei dieser Geste sind mehrere
Deutungen denkbar.

Zum Beispiel bittet die Person
um einen Schreibstift oder sie
möchte eine Unterlage unterschreiben.

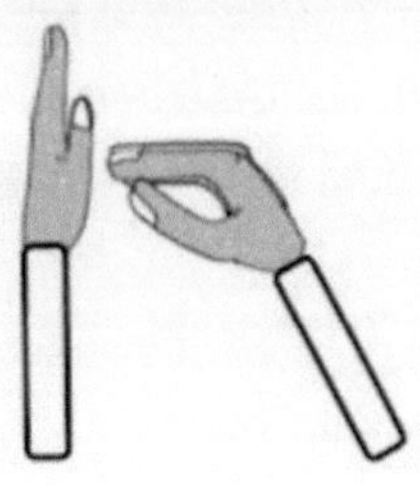

Mit der rechten Hand wird eine beschreibende Handlung angedeutet.

4.2.30 Eine Hand schwenken

Eine eher negative Aussage für
den Gesprächspartner, denn die
Person wehrt Gesagtes ab:

„Ach, geh weg, damit will ich
nichts zu tun haben."

Oder: „Das ist nicht meine Sache, dafür bin ich nicht zuständig."

Die leicht ausgestreckte Hand mit dem Handrücken
nach oben wehrt etwas ab.

Gegebenenfalls wird die Hand ein- oder mehrmals
nach außen weggedrückt.

4.2.31 Aus der Hand trinken

Die Person zeigt an, dass sie
Durst hat.

Oder sie fragt schelmisch nach,
ob der Gesprächspartner „einen
gehoben" hätte.

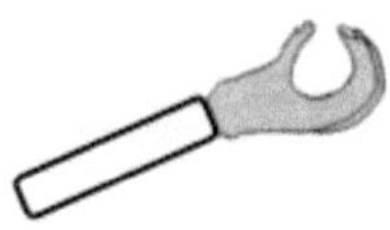

Eine Hand führt ein nicht vorhandenes Glas zum Mund.

4.2.32 Mit einer Hand ein Victory-Zeichen formen

Die Person zeigt, dass sie Frieden will und keine Angriffsstimmung vorhanden ist.

Winston Churchill benutzte dieses Zeichen häufig in der Öffentlichkeit.

Es ist eine neutrale bis positive Geste für den Gesprächspartner.

Victory-Zeichen: Zeige- und Mittelfinger der rechten Hand formen ein V-Zeichen.

Dabei ist die Handfläche dem Gegenüber zugewendet.

4.2.33 Eine Hand vorstoßen

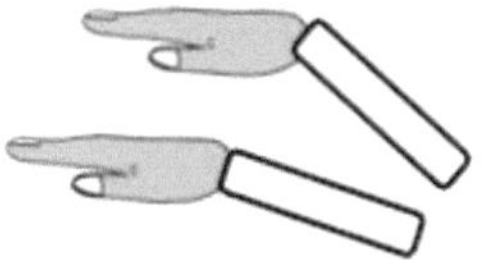

Die Fingerspitzen zum Gegenüber zeigen immer eine gewisse Aggression.

Die stoßende Bewegung der Hand zum Gegenüber hin verstärkt diese Aussage: „Ich bleibe bei meiner Meinung."

Oder: „Ich bestehe darauf, was ich gesagt habe."

Die Geste muss nicht unbedingt negativ für den Gesprächspartner sein, da die Aussage auch lediglich durch diese Handbewegung verstärkt sein könnte.

Die flache Hand, mit dem Handrücken nach oben, zielt mit geschlossenen Fingern auf das Gegenüber.

4.2.34 Beide Hände an-
heben

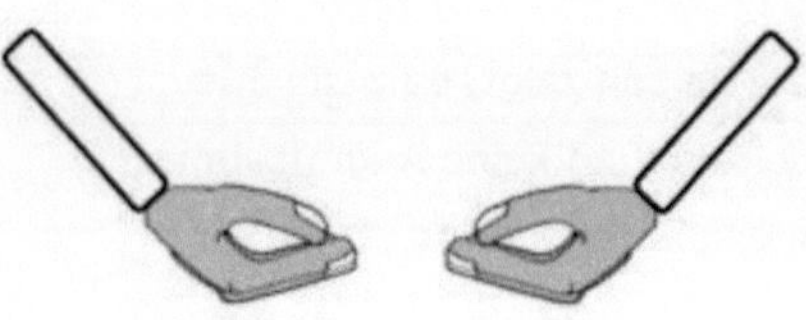

Diese Handbewegung wird oftmals durch einen fragenden Gesichtsausdruck verstärkt, manchmal auch mit dem Anheben der Schultern.

Die Hände führen eine leichte Bewegung zur Person hin aus.

Sie sagt: „Was weiß ich?"

Die Person ist ‚sich keiner Schuld' bewusst.

Der Gesprächspartner kann einen gewissen Grad von Desinteresse erkennen.

Beide Hände – mit den Handflächen nach oben – werden vor dem Körper angehoben.

Die Finger sind leicht nach oben gekrümmt.

4.2.35 Eine oder beide Hände
anheben

Im Gegensatz zur Deutung 4.2.34 wird hier kein fragender Gesichtsausdruck gezeigt.

Die Person erklärt etwas, zeigt aber durch die Handbewegung, dass ihre Aussage nicht eindeutig der Wahrheit entspricht.

Allerdings scheint es ihr nicht wichtig zu sein: „Ist doch egal!"

„Interessiert doch keinen!"

Eine oder beide Hände werden, mit den Handflächen nach oben, vor dem Körper etwas angehoben, wobei die Finger leicht gekrümmt sind.

4.2.36 Die Finger einer Hand bündeln

Der Gesprächspartner zeigt, dass er Hunger hat.

Die Alternative: „Das ist langweilig!"

„Das hängt mir zum Hals heraus, lass uns über etwas anderes reden!"

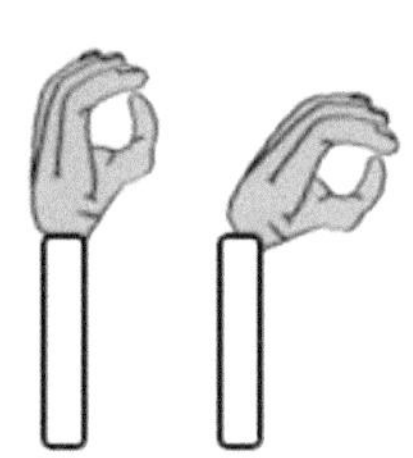

Die geschlossenen Finger einer Hand bewegen sich mehrmals aus dem Handgelenk heraus auf den leicht geöffneten Mund zu.

4.2.37 Mit einer Hand über dem Kopf winken

Eine Person winkt einer anderen freundlich zu: „Hallo, hier bin ich."

Hierbei handelt es sich um eine durchaus positiv zu deutende Geste.

Die Person wünscht, dass ihr Aufmerksamkeit geschenkt wird.

149

Mit der über den Kopf erhobenen Hand winken.

4.2.38 Mit einer Hand winken

Die Person winkt einer anderen Person zum Abschied zu.

Es ist eine nette, persönliche Geste, die aussagt, dass sich die beiden Personen mögen.

Mit der Hand am ausgestreckten Arm wird einem anderen zugewinkt.

4.2.39 Mit den Händen würgen

Beide Hände würgen den fiktiven Hals eines Gesprächspartners.

Dies ist eine sehr aggressive Geste: „Den könnte ich würgen/umbringen."

Der Gesprächspartner sollte klären, woher diese Aggression stammt und versuchen, wieder eine neutrale bis positive Stimmung herzustellen.

Beide Hände sind im Würgegriff vor den Körper gehalten.

Die Finger beider Hände berühren sich fast.

150

4.2.40 Die Finger der Hände liegen abwechselnd ‚ineinander'

Die Person bittet um Hilfe: „Bitte hilf mir, ich weiß nicht weiter."

Der Gesprächspartner sollte der Person hilfreich zur Seite stehen.

Die Hände sind wie beim Gebet ineinander gelegt.

4.2.41 Die Arme vor der Brust öffnen

Erst ist ein Schutz der eigenen Person zu erkennen, dann das befreiende Wegreißen vom Körper.

Diese Körperbewegung deutet eine endgültige Bewegung an und kann übersetzt werden mit: „Jetzt ist Schluss."

„Nicht weiter mit dieser Sache."

Beide Arme kreuzen sich in Höhe der Unterarme vor der Brust.

Dann werden sie nach außen weggerissen.

151

4.2.42 Die Hände schütteln

Das gegenseitige Händegeben erzeugt Nähe und Intimität.

Die beiden verstehen sich.

Personen, die sich nicht mögen, vermeiden, sich die Hände zu reichen.

Wer einen anderen nicht mag, versucht die Berührung zu umgehen.

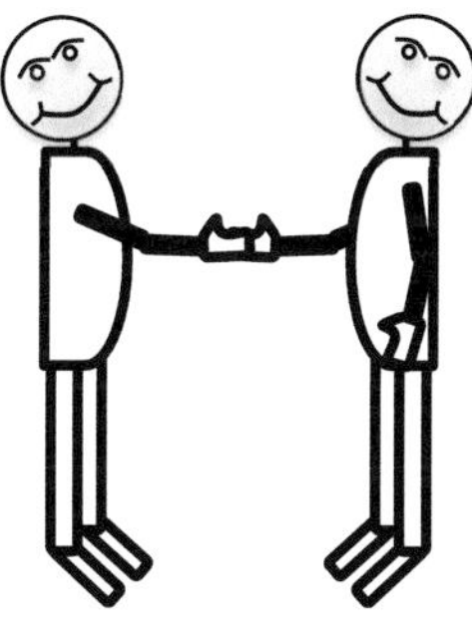

Zwei Gegenüberstehende reichen sich die Hände.

4.2.43 Mit den Händen eine Schere bilden

Dies ist eine abwehrende Körperhaltung.

„Nein, danke, nicht für mich." Oder: „Nein, ich will nicht mehr."

Die Hände kreuzen sich in Handgelenkhöhe vor der Brust und die Handflächen zeigen zum Gesprächspartner. Die Hände öffnen und schließen sich mehrmals.

4.2.44 In die Handfläche boxen

Dies ist eine leicht aggressive Handbewegung.

„Na, dem werde ich es jetzt zeigen." Oder: „Das wollen wir mal sehen."

Sehr wahrscheinlich wird die Person Taten folgen lassen, die der Gesprächspartner in eine für alle angenehmere Bahn lenken sollte.

Eine Hand boxt in die Handfläche der anderen Hand.

4.2.45 Jemandem die Handflächen entgegenstrecken

Eine Person wendet sich hilfesuchend an ihr Gegenüber. „Bitte hilf mir." Oder: „Ich flehe dich an." Der Gesprächspartner sollte versuchen, dieser Person im Rahmen seiner Möglichkeiten zu helfen.

Diese Geste wird aber auch dann eingesetzt, wenn zum Beispiel in einem Vortrag die vortragende Person verzweifelt nach einem Wort sucht oder Zustimmung bei den Zuschauern erbittet.

Beide nach oben zeigende Handflächen werden dem Gegenüber entgegengestreckt.

4.2.46 Die Handfläche küssen

Die Person wirft einer anderen einen Handkuss zu.

„Ich mag/liebe dich."

Die Handfläche einer Hand wird geküsst und dann vom Mund entfernt.

4.2.47 Handfläche und Kopf zeigen nach oben

„Lieber Gott, bitte hilf mir!"

Diese Handbewegung ist eine Art Bettel-Geste, bei der die Person Hilfe und Unterstützung wünscht und erhofft.

Allerdings wird sie auch eingesetzt, wenn ein anderer Gesprächsteil-nehmer etwas sagt, womit die Person nicht einverstanden ist.

Hier wird sich über die andere Person lustig gemacht.

Eine Hand wird mit der Handfläche nach oben vor den Körper gehalten.

Dabei zeigt auch der Kopf nach oben.

153

4.2.48 Mit einem Handballen eine Handfläche reiben

Bildlich gesehen wird hier gerade jemand zwischen Handballen und Handfläche zerdrückt oder zermalmt.

Eine aggressive Geste, die übersetzt heißen mag: „Na, dem habe ich es aber gezeigt!"

Der Handballen einer Hand reibt in der Handfläche der anderen.

4.2.49 Sich gegenseitig auf die Handflächen schlagen

„Abgemacht – Vertrag gilt!"

Ein positives Zeichen.

Die beiden Gesprächspartner sind sich einer Sache einig.

Sie haben einen Entschluss gefasst und durch den Handschlag besiegelt.

Zwei Personen, die sich gegenüber sitzen oder stehen, schlagen sich abwechselnd auf die Handflächen.

4.2.50 Mit einer Faust von unten in eine Hand schlagen

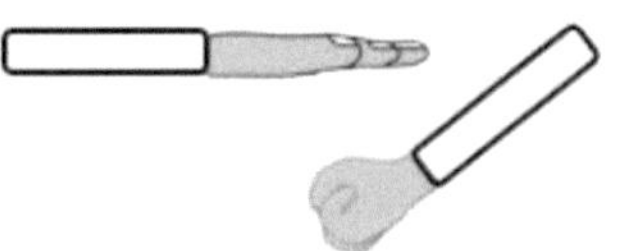

Diese Handbewegung kann als frauenfeindlich betrachtet werden, da sie Gewalt ausdrückt.

Aus dem sexuellen Bereich kommend, werden hier rhythmische Bewegungen dargestellt.

Mit der Faust wird von unten gegen die Handfläche der anderen Hand geschlagen.

4.2.51 Eine Handfläche zeigt nach oben

Dies ist eine fordernde und damit aggressive Geste.

„Gib mir etwas!"

155

Eine Hand wird mit der nach oben zeigenden Handfläche einer anderen Person hingehalten.

4.2.52 Ein Daumen streicht über eine Handfläche

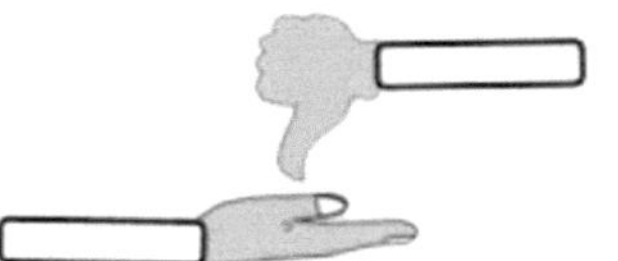

„Das geschieht dir reicht."

Oder: „Du musst zahlen."

Eine gewisse humorvolle Art, seine Schadenfreude über einen anderen zu zeigen.

Mit einem Daumen wird über die Handfläche der anderen Hand gefahren.

4.2.53 Die ausgestreckten Hände senken

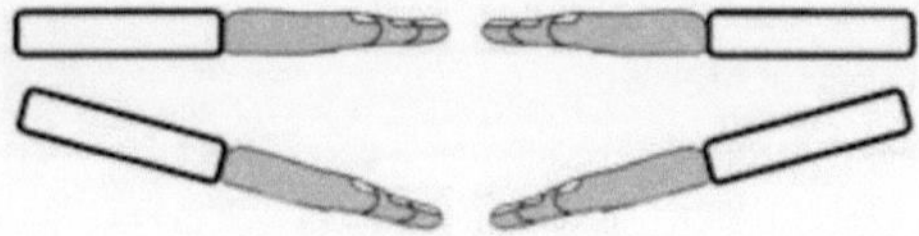

Die ausgestreckten Hände zu senken, kann folgendermaßen übersetzt werden: „Nicht so schnell, eines nach dem anderen."

Der Gesprächspartner sollte prüfen, ob er mit seiner Rede zu schnell vorgegangen ist, sodass ihm das Gegenüber nicht folgen konnte.

Übt die Handbewegung ein Diskussionsleiter aus, will er die Gruppe zur Ordnung rufen und die Diskussionsbeiträge in eine Reihe bringen.

Beide Hände, mit nach unten zeigenden Handflächen, werden vor dem Körper langsam nach unten und oben bewegt.

4.2.54 Eine Handfläche zeigt nach vorn

Die nach vorn gerichtete Handfläche verdeutlicht eine abwehrende Haltung, mit der die Person zeigen will, dass sie nicht angegriffen werden will.

Sie ‚schwört' die Wahrheit.

Die Handfläche der ausgestreckten rechten Hand zeigt in Kopfhöhe zum Gegenüber.

4.2.55 Die Handflächen abwischen

Die zum Gegenüber zeigenden Fingerspitzen beinhalten einen leichten, versteckten Angriff.

Die aneinander liegenden Handflächen werden mit einer Wischbewegung hin und her bewegt.

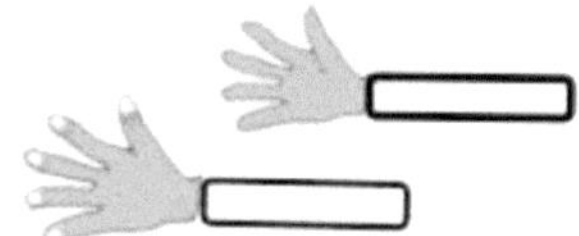

Damit soll gezeigt werden, dass die Person „ihre Hände in Unschuld wäscht" und in dieser Angelegenheit keinen Angriff auf sich wünscht.

Die Handflächen werden zusammengeführt und aneinander gerieben.

Dabei zeigen die Fingerspitzen zum Gegenüber, die Handkanten nach unten.

4.2.56 Die Handflächen aneinanderlegen

Die Person ist etwas nervös und sucht Verstärkung.

Sie bittet den Gesprächspartner um Unterstützung.

Sie ‚betet' den anderen an.

Der Gesprächspartner sollte Hilfestellung im Rahmen seiner Möglichkeiten geben.

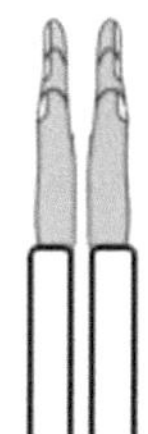

Beide Handflächen aneinanderlegen.

Die Fingerspitzen zeigen nach vorn oben.

4.2.57 Die Daumen drücken

Die Person macht sich Mut, indem sie sich die Daumen drückt.

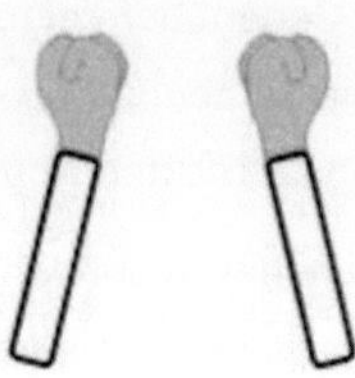

Sie steht unmittelbar vor einer
auszuführenden Aktion.

Diese Handbewegung wird auch
für andere eingesetzt: „Ich drü-
cke dir die Daumen; ich wünsche
dir alles Glück."

Beide Daumen werden in den Fingern zu Fäusten gedrückt.

4.2.58 Die Handflächen zei-
gen nach vorn

Da die Handflächen zum Gesprächspartner zeigen, ist eine
abwehrende Haltung zu erkennen.

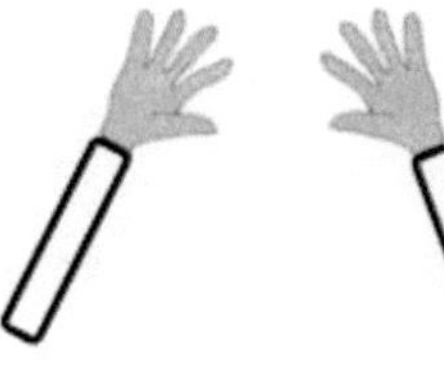

Ein scheinbarer Angriff liegt vor,
gegen den sich die Person weh-
ren möchte.

„Ich will nichts mit dir zu tun haben."

Auch als „Stopp, komm mir nicht näher" zu werten.

Die erhobenen Hände zeigen fast in Kopfhöhe mit
den Handflächen zum Gesprächspartner.

4.2.59 Eine Hand wird an der Körperseite gedreht

Mit dieser Handbewegung wird ein Diebstahl symbolisiert.

Ein Gegenstand beziehungsweise eine Idee wird gegriffen, wobei die Hand geöffnet ist und etwas wegnimmt.

Danach umschließen die Finger das Diebesgut.

Eine Hand wird an der Körperseite gedreht, wobei die Finger zuerst geöffnet sind und sich im Laufe der Bewegung schließen.

4.2.60 Fäuste wringen

Diese Geste kann leicht aggressiv wirken, sofern sie nicht erkennbar scherzhaft eingesetzt wird.

Sinnbildlich gesehen soll einem anderen ‚der Hals umgedreht' werden.

Beide Hände sind zur Faust geformt und werden gegeneinander gedreht. (So als wolle die Person ein nasses Tuch auswringen).

4.2.61 Die Hände ineinander reiben

Dies ist als Verlegenheits-Geste zu deuten: „Ich weiß nicht, wie ich mich verhalten soll und was ich mit meinen Händen machen soll."

„Es tut mir leid, was passiert ist. Ich kann nicht helfen."

Oft liegt beim Rechtshänder die rechte Hand oben auf der linken.

Die Hände sind leicht gewölbt und reiben ineinander.

4.2.62 Die Handflächen zeigen zum Körper

„Du bist mir herzlich willkommen!"

Die Arme umschließen eine andere Person.

Dies ist eine positiv zu wertende Geste.

Beide Hände sind weit vom Körper gestreckt und umarmen eine nicht vorhandene Person.

4.2.63 Die Handflächen vorstoßen

Mit dieser Bewegung wird eine Distanz von Körper zu Körper erzeugt.

Die Hände werden weit weggestreckt.

„Ich will nichts mit dir zu tun haben!"

Die Person versucht, Abstand von der Sache oder dem Gesagten zu halten.

Beide Hände sind parallel zueinander weit vom Körper weggestreckt.

4.2.64 Handgelenke überkreuzen

Die Person zeigt bildlich, dass sie sich vom Gegenüber gefangen fühlt. „Ich begebe mich in deine Hände."

Es wird hier also eine Art Unterwerfung gezeigt. Andererseits kann es aber auch eine Fesselung in einer Gedankenwelt sein, aus der der Betreffende nicht mehr herausfindet.

Es könnte auch eine Fesselung mit Handschellen dargestellt werden. „Ich habe mich schlecht verhalten – bitte verhafte mich!"

Beide Handgelenke werden überkreuzt und dem Gegenüber hingestreckt.

4.2.65 Ans Herz fassen

Hier sind wenigstens zwei Deutungen möglich. Nämlich: „Oh Gott, dass das mir passiert." Oder: „Ich sage die Wahrheit."

161

In beiden Fällen ist ein kleines Missgeschick passiert. Im zweiten Fall wurde die Aussage offensichtlich angezweifelt.

Die rechte Hand fasst an die linke Brust.

4.2.66 Die Handkante vor die Kehle halten

Die Person ist augenblicklich in einer gestressten und/oder schlechten Verfassung. Mit dieser Handgeste sagt sie aus: „Es steht mir bis hier! „Das Wasser steht mir bis hier!" Oder: „Ich kann nicht mehr!"

Sie hat also das Höchstmaß der unangenehmen Erfahrung erreicht. Ginge es weiter, würde sie ‚ertrinken'.

Die Handkante vor die Kehle halten.

4.2.67 Die Kehle durchschneiden

Hier möchte die Person offensichtlich einer anderen Person die ‚Kehle durchschneiden'.

Diese Körperbewegung ist deshalb als versteckt aggressiv zu deuten, zeigt sie doch den ‚Wunsch' jemanden umzubringen.

Mit der Daumenseite einer Handfläche schnell und ruckartig am Hals vorbeifahren.

4.2.68 Die Kehle umklammern

Auch hier kann eine aggressive Haltung festgestellt werden: „Ich möchte dich erwürgen."

Andererseits kann dieses Erwürgen auch auf sich selbst bezogen werden, wenn die Person etwas Ungeschicktes getan hat, für das sie sich ‚bestrafen' möchte.

Mit einer Hand die eigene Kehle umklammern.

4.2.69 Die Hemdmanschette anfassen

Dies ist eine eindeutige Verlegenheits-Geste.

Mit dieser Handbewegung wird eine fiktive Staubfluse vom Ärmel gewischt.

Während dieser Bewegung sind beide Hände vor den Körper gehalten.

Wie aus anderen Darstellungen in diesem Buch ersichtlich, bedeutet dies einen Schutz des eigenen Körpers: „Die anderen sollen meine Unsicherheit nicht erkennen."

Oft zu sehen, wenn sich eine Person zu einem Podium bewegt oder einen weiteren Weg zu einer anderen Person zurücklegen muss.

Zeigefinger und Daumen einer Hand greifen kurz an die Hemdmanschette des anderen Arms.

4.2.70 Eine Faust ballen

Das Ballen der Faust soll eindrucksvoll dokumentieren, wie stark jemand ist, und dass keine Angst vor einem Angriff besteht.

Eine Faust ballen, eventuell zeigen und leicht schütteln.

4.2.71 Eine Faust vor dem Mund drehen

Jemand, der sich eine Faust vor den Mund hält und diesen sinnbildlich verschließt, möchte etwas sagen, von dem er weiß, dass es nicht erlaubt ist.

Die Drohung mit der Faust ist daher gegen sich selbst gerichtet.

Eine Faust wird einmal vor dem eigenen Mund gedreht.

4.2.72 Eine Faust in die Luft schlagen

Die Geste drückt in diesem Fall Stärke aus, da niemand tatsächlich geschlagen wird.

Vor allem von Sportlern ist diese Ausdrucksform im Moment des Sieges bekannt.

„Denen zeigen wir es!"

Mit einer Faust in die Luft schlagen.

4.2.73 Mit der Faust drohen

Das Drohen mit der Faust ist ein eindeutig aggressives Zeichen.

Manchmal wird verstärkend mit den Fingern und dem Daumen einer Hand eine Art Kralle gezeigt; diese zeigt drohend auf den Gesprächspartner.

Vielleicht handelt es sich dann nur um eine scherzhaft eingesetzte Bewegung, die etwa aussagen will: „Ich bin ein Raubtier und würde dich jetzt am liebsten krallen (fangen) …"

Die Person ist offensichtlich nicht ganz einverstanden mit dem, was der Gesprächspartner gesagt oder getan hat.

Eine Faust wird dem Gegenüber drohend gezeigt.

4.2.74 Beide Fäuste über dem Kopf schütteln

Ein großes berauschendes Siegesgefühl: „Wir sind die Stärksten, wir haben gewonnen!"

Beide Fäuste werden mit lang ausgestreckten Armen über dem Kopf geschüttelt.

4.2.74 Beide Hände bilden eine Raute

Dieses Bild darf natürlich nicht fehlen, das als ‚Kanzlerin-Raute' bekannt wurde.

Zu Beginn einer Rede ist das ein starkes Zeichen, sagt es doch aus: „Was immer ich jetzt sagen werde, stimmt."

„Stören Sie mich nicht (durch Gegenfragen)!"

Die Geste nicht zu lange beibehalten, da sie sonst viel zu bedrohlich auf die Zuhörer wirkt.

Die Daumen und Zeigefinger liegen aneinander.

Die Hände bilden eine Raute.

165

4.3 Finger, Daumen, Knöchel

4.3.1 Den Zeigefinger belehrend in die Höhe strecken

Jemand, der einen Zeigefinger in die Höhe streckt, möchte einen anderen belehren oder tadeln.

Der Zeigefinger einer Hand zeigt senkrecht in die Luft.

4.3.2 Mit den Fingern schnipsen

Mehrere Deutungen sind möglich:

Einmaliges Schnipsen: „Ah, ich habe eine Idee."

Zweimaliges Schnipsen: „Na, wo bleibt denn die Idee?"

Mehrmaliges Schnipsen: „Ich will zu Wort kommen."

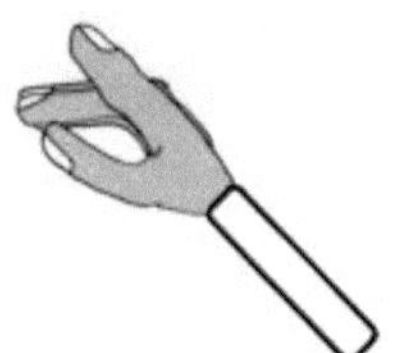

Daumen, Zeige- und Mittelfinger erzeugen ein knallendes, floppendes Geräusch.

4.3.3 Mit dem Zeigefinger auf den Tisch klopfen

Durch das klopfende Geräusch wird Aufmerksamkeit erregt, ein laufendes Gespräch möglicherweise unterbrochen.

Mit diesem Klopfen verleiht die Person der eigenen Aussage mehr Nachdruck. Sie besteht auf ihrer Meinung.

Offensichtlich ist sie sehr überzeugt von dem eben Gesagten.

Mit einem Zeigefinger auf die Tischplatte klopfen.

4.3.4 Mit den Fingern trommeln

Die Person ist ungeduldig und nervös. Sie möchte etwas sagen und/oder in eine Diskussion eingreifen.

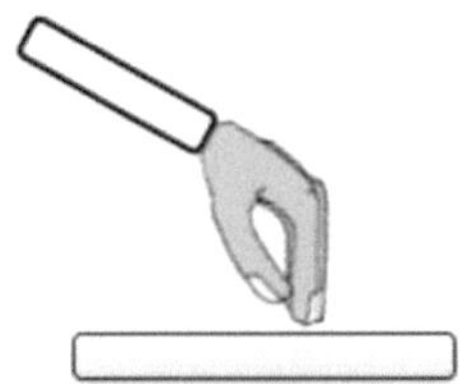

Der Gesprächspartner sollte dieser Person möglichst schnell das Wort erteilen oder – wenn das nicht möglich ist – sagen, dass sie gleich ‚aufgerufen' wird.

Erfolgt dieses Trommeln geistesabwesend, ist die Person mit den Gedanken woanders.

Mit den vier Fingern einer Hand wird auf der Tischplatte getrommelt.

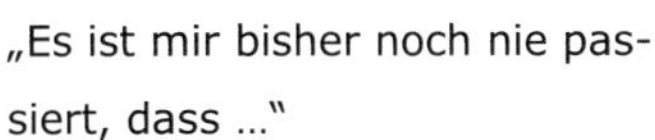

4.3.5 Mit den Knöcheln auf Holz klopfen

Ein Aberglaube sagt, dass auf Holz geklopft werden muss, um sich vor etwas Unerfreulichem zu schützen.

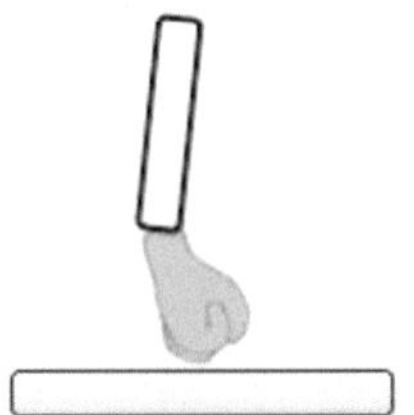

„Es ist mir bisher noch nie passiert, dass …"

Mit den vier Fingerknöcheln einer Hand wird auf Holz geklopft.

4.3.6 Die Fingerkuppen aneinanderpressen

Die Person möchte ihren Beitrag ‚auf den Punkt' bringen.

Sie möchte präzisieren, zusammenfassen. Vielleicht: „Was ich sagen will, ist …"

Alle Fingerkuppen einer Hand werden aneinandergedrückt.

4.3.7 Den Mittelfinger in die Höhe strecken

Eine aus dem Sport bekannt ge-
wordene beleidigende Geste
(,Stinkefinger'), die jemand an-
derem zeigen soll, welche
schlechte Meinung der Gestiku-
lierende von ihm hat.

Diese Körpersprache hat einen eindeutig sexuellen Hintergrund und
ist im seriösen Gespräch unbedingt zu vermeiden.

Der Mittelfinger einer Hand zeigt senkrecht in die Höhe.

4.3.8 Finger und Daumen zum Kreis formen

Hier sind mehrere Deutungen
denkbar:

„Ok, alles in Ordnung.“

Jemand präzisiert seine Aussage:
„Das ist so, wie ich sage...“

Negativ: „Du bist eine Null.“

Zeigefinger und der Daumen berühren sich an der Spitze und
bilden einen Kreis.

4.3.9 Mit dem Zeigefinger einen Bogen beschreiben

Deutet der kreisende Finger nach unten, möchte die Person etwas unterschreiben (wie Vertrag, Rechnung im Restaurant und so weiter).

Zeigt der kreisende Finger nach vorn, zur Seite oder nach oben, bedeutet das: Morgen, später, in der Zukunft oder ähnliches.

„Lassen Sie uns nächsten Montag nochmals darüber sprechen.“

Mit dem Zeigefinger wird eine kreisende Bewegung vollführt. Dabei deutet der kreisende Finger auf die Tischplatte oder nach oben.

4.3.10 Mit dem Zeigefinger melden

Die Person meldet sich, um etwas zu sagen.

Eine Person hebt den gewinkelten Arm an. Ein Zeigefinger zeigt senkrecht nach oben. Der Handballen zeigt meist zum Gegenüber.

4.3.11 Mit dem ausgestreckten Zeigefinger auf eine Person oder eine Sache zeigen

Dies kann eine sehr unhöfliche, anklagende Geste sein.

Deutlich wird mit ausgestrecktem Arm auf eine andere Person aufmerksam gemacht, um sie zu beschuldigen oder um sie bloßzustellen.

„Mit nacktem Finger nicht auf eine Person zeigen" war ein bekannter Spruch der Vorfahren.

Das galt als verpönt und außerhalb der üblichen Umgangsformen.

Alternativ zeigt die Person deutlich auf einen Gegenstand. „DAS meine ich. (Ähnlich wie 4.3.12, nur wesentlich stärker ausgeprägt)

Bei ausgestrecktem Arm wird mit dem Zeigefinger auf eine Person   oder Sache gedeutet.

4.3.12 Mit dem Zeigefinger auf etwas zeigen

Die Person zeigt deutlich auf ei-nen Gegenstand.

„DAS meine ich."

Der Gegenstand, auf den gezeigt wird, befindet sich meist relativ weit von der zeigenden Person entfernt. Die Person will auf etwas aufmerksam machen.

Bei ausgestrecktem Arm wird mit dem Zeigefinger auf eine Person oder Sache gedeutet.

4.3.13 Mit dem Zeigefinger auf jemanden deuten

Die Fingerspitze zielt angreifend auf eine andere Person.

Es wird eine Art Beschuldigung ausgesprochen: „Der da, der hat's getan."

Oder: „Das, was DU gesagt hast, ist…"

Der Gesprächspartner sollte diese Handbewegung vermeiden, da er ansonsten zu belehrend wirkt.

Mit dem Zeigefinger einer Hand wird auf eine andere Person gezeigt.

4.3.14 Mit dem Zeigefinger drohen

Die Person spricht eine allgemeine Drohung aus: „Also, das eine sage ich euch …"

Auch anklagend wie: „Das, was ihr getan habt, finde ich nicht richtig."

Der Zeigefinger einer Hand zeigt senkrecht nach oben.

Der Gesprächspartner schaut auf die Außenseite der Hand.

Der Zeigefinger wird vor und zurück bewegt.

4.3.15 Den Zeigefinger weit nach oben strecken

Die Person zeigt an, dass sie die Nummer 1 ist.

Diese Geste ist als Siegerpose zu verstehen.

Der Zeigefinger zeigt am ausgestreckten Arm weit nach oben, dabei wird die Hand gegebenenfalls aus dem Handgelenk heraus ein paarmal geschwenkt.

4.3.16 Mit dem Zeigefinger jemanden herbeiwinken

Die Person winkt eine andere zu sich heran.

„Komm nur näher heran …"

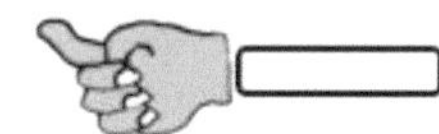

Mit dem Zeigefinger wird eine Person herangewinkt.

Dabei sieht der Herangewinkte die Hand von vorn.

4.3.17 Zeigefinger auf Zeige-finger reiben

Die Person bringt eine Art Scha-denfreude zum Ausdruck.

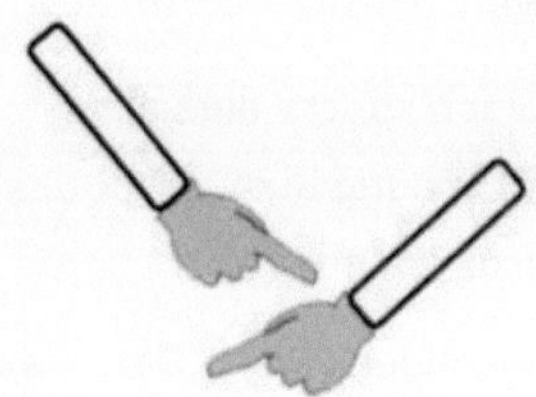

„Ätsch, gut, dass das dir passiert ist."

Diese Geste wird eher scherzhaft verwendet.

Die Arme werden vor dem Bauch zueinander geführt, wobei die Zei-gefinger der Hände ausgestreckt sind.

Dann fährt der Zeigefinder (meist der rechten Hand) mehrmals vom Handrücken aus bis über den anderen Zeigefinger hinweg zur Fingerspitze.

172

4.3.18 Den Zeigefinger hin und her bewegen

Hier wird eine Verneinung deut-lich gemacht.

„Nein, nein, das ist so nicht rich-tig."

Oder: „Tue das lieber nicht."

Den ausgestreckten Zeigefinger hin und her bewegen, wobei das Gegenüber auf den Handballen schaut.

4.3.19 Die Zeigefinger bewegen sich aufeinander zu

Die Person zeigt ein Problem auf.

„Das Problem ist …"

Durch das Aufeinandertreffen der Zeigefinger wird bildlich dargestellt, dass ein Fortbewegen der beiden Finger nicht möglich ist.

Die Finger sind auf ein Hindernis, einen Widerstand oder auf ein Problem gestoßen.

Beide Zeigefinger bewegen sich aufeinander zu.

Sobald sich die Spitzen berühren, bleiben die Finger eine Weile in dieser Haltung.

4.3.20 An einem Zeigefinger saugen

Die Person macht sich kleiner und jünger, als sie ist.

Wie ein Kind steckt sie den Finger in den Mund.

Sie weiß, dass sie als Kind schwach und damit nicht so angreifbar ist wie ein Erwachsener.

Die Haltung sagt aus: „Das weiß ich nicht, bitte tue mir nichts."

An dem in den Mund genommenen Zeigefinger wird gesaugt.

4.3.21 Einen Finger zum Mund nehmen

Wird ein Finger an den Mund gehalten, sind folgende Deutungen
möglich:

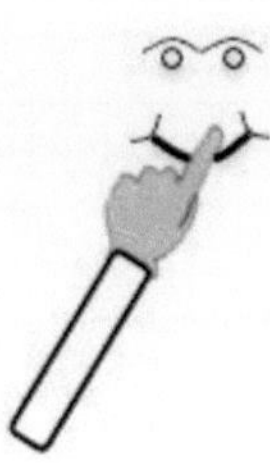

Schlägt die Person ihre Augen
nieder und senkt dabei auch
noch den Kopf, so liegt die Ver-
mutung nahe, dass sie schüch-
tern und/oder unsicher ist.

Sieht die Person jedoch nach oben, wird sie eher nachdenken oder
versuchen, sich an etwas zu erinnern.

Manchmal verbietet sie sich selbst den Mund.

Sie möchte etwas sagen.

Entweder spricht noch eine andere Person, die sie nicht unterbrechen
will oder sie zieht es vor, keinen Kommentar zum Gesprochenen zu
geben.

Wird die Hand weitergedreht, sodass die Handkante zum Beobachter
zeigt und nach oben über beide Lippen geschoben wird, liegt eine
andere Bedeutung vor.

Die Person signalisiert dem Beobachter, nichts zu verraten. Beide
teilen offensichtlich ein Geheimnis.

„Pscht!".

Ein Zeigefinger wird auf die geschlossene Unterlippe gelegt.

4.3.22 Zigarettenfinger

Es wird bildlich gezeigt, wie ein
Raucher eine Zigarette zum
Mund führt.

Die Person möchte offensichtlich
eine Zigarette rauchen.

Zeige- und Mittelfinger einer Hand bilden ein kleines ‚V' und bewegen
sich auf den Mund zu.

4.3.23 Den Daumen verstecken

Eine Geste sexueller Art, die im seriösen Gespräch unbedingt zu vermeiden ist.

Manchmal wird beim Zeigen dieser Geste
die Hand ein paarmal aus dem Handgelenk
nach vorn und hinten bewegt.

Der Daumen einer Hand wird gekrümmt zwischen Mittel-
und Zeigefinger gesteckt.

4.3.24 Mit Zeige- und Mittelfinger zielen

Die Person ‚zielt' mit den Fingern auf eine
andere Person, so als habe sie eine Pistole
in der Hand. Zeige- und Mittelfinger bilden
dabei den Lauf.

Diese Handbewegung bedeutet: „Ich er-
schieße dich jetzt."

Glücklicherweise wird diese Geste – wenn
überhaupt – nur scherzhaft eingesetzt.

Zeige- und Mittelfinger liegen aneinander.

Ausgestreckt zielen sie auf eine andere Person.

4.3.25 Die Daumen drehen

Hier wird das bekannte ‚Däum-
chen drehen' sichtbar.

Die Person langweilt sich offensichtlich oder zeigt, dass sie im
Moment nichts zu tun hat.

Der Gesprächspartner sollte der
Person eine Aufgabe/Frage stellen.

Beide Hände sind ineinander verschränkt, wobei sich
die Daumen umeinander drehen.

4.3.26 Der Daumen zeigt nach oben

Bei uns ist das ein positives Zeichen, das
ein gutes Ergebnis anzeigt: „Das hast du
gut gemacht."

Oder: „Klasse – 1A."

Eine gute Geste für das Gespräch.

Die Zahl 1 wird so dargestellt.

Der Daumen einer Hand zeigt nach oben.

Die anderen Finger liegen gekrümmt auf der Handfläche.

4.3.27 Der Daumen zeigt nach unten

Mit dieser Geste wird ein negatives Ergebnis angezeigt.

„Das, was du geleistet hast, war schlecht."

Der Daumen einer Hand zeigt nach unten.

Die anderen Finger liegen gekrümmt auf der Handfläche.

4.3.28 Am Daumen saugen

Die Person ist nervös und will sich klein machen.

Wie ein Baby lutscht sie am Daumen.

Sehr wahrscheinlich hat die Person gerade geschwindelt oder überlegt, wie sie aus einer prekären Lage herauskommen könnte.

Am Daumen einer Hand wird gesaugt.

4.3.29 Mit dem Daumen auf jemanden zeigen

Dies ist eine abwertende Bewegung. „Der da hinten …"

Die Person drückt durch diese Bewegung ihre Geringschätzung einer anderen Person gegenüber aus.

177

Mit dem Daumen einer Hand wird heftig, meist über die Schulter nach hinten, auf eine andere Person gezeigt.

4.3.30 Nägel beißen

Die Person ist nachdenklich, sagt nichts und reagiert ihre Angst durch Nägelkauen ab.

Die Fingerspitzen einer Hand liegen auf der Unterlippe.

An den Fingernägeln wird gekaut.

4.3.31 Mit den Fingern eine Kralle formen

Das Drohen mit der Faust ist ein eindeutig aggressives Zeichen.

Manchmal wird verstärkend mit den Fingern und dem Daumen einer Hand eine Art Kralle gezeigt.

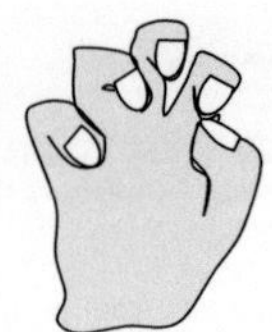

Diese zeigt drohend auf den Gesprächspartner. Vielleicht handelt es sich dann nur um eine scherzhaft eingesetzte Bewegung, die etwa aussagen will: „Ich bin ein Raubtier und würde dich jetzt am liebsten krallen (fangen) …"

Die Person ist offensichtlich nicht ganz einverstanden mit dem, was der Gesprächspartner gesagt oder getan hat.

Mit den Fingern und dem Daumen einer Hand eine Art Kralle zeigen; diese zeigt auf den Gesprächspartner.

4.3.32 Mit den Fingern fächeln

Die Person stellt bildlich dar, dass sie sich die Finger verbrannt hat.

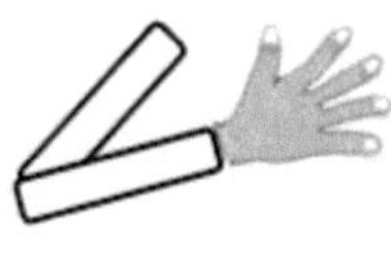

Sie werden nun durch das Fächeln in der Luft gekühlt.

Es ist etwas Peinliches passiert, oder die Person muss etwas tun, bei wobei Schwierigkeiten zu erwarten sind. „Au weia …"

Die Finger sind leicht gespreizt und fahren fächelnd am eigenen Körper entlang.

4.3.33 Die Finger schütteln

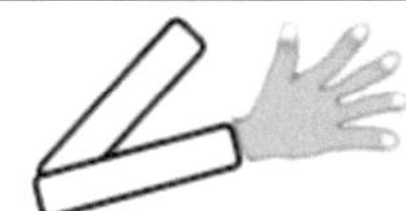

Die Person hat etwas getan, was
sie rückgängig machen möchte.

Sie möchte ihre Finger – mit denen sie die Sache begangen hat
– wegwerfen.

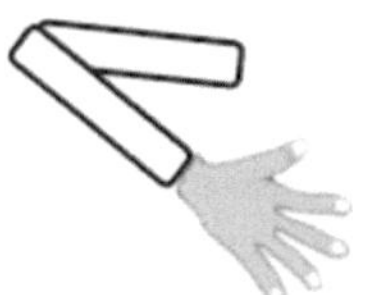

„Was habe ich nur getan?",
könnte die Frage dazu sein.

Mit den Fingern einer Hand vom Körper weg schütteln.

4.3.34 Mit den Fingern klap-
pern

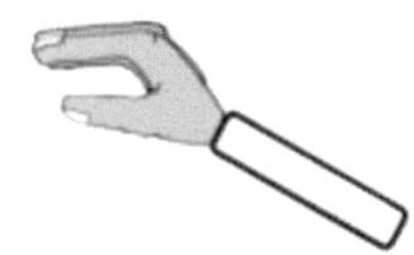

Diese Fingerbewegung stellt ein
plapperndes Mundwerk dar.

„Sagt viel, steckt aber nichts da-
hinter."

Die Bewegung kann hinter dem Rücken ausgeführt werden oder dem
Gegenüber direkt gezeigt werden.

Manchmal ist sie kombiniert mit der verbalen Aussage: „Quack,
quack."

Alle Finger liegen parallel zueinander.

Mehrmals bewegen sie sich zusammen auf den Daumen
zu und wieder weg.

179

4.3.35 Mit zwei Fingern eine Schere formen. „Cross your fingers"

Diese Geste macht jemand heimlich hinter seinem Rücken, nämlich dann, wenn er einem anderen nicht die Wahrheit sagen
will.

Durch das Übereinanderlegen der Finger wird symbolisch ein Kreuz
geformt, um den Schwindel beziehungsweise die Sünde zu schwin-
deln, aufzuheben.

Die Finger kreuzen gilt als Aberglauben, speziell in Groß-Britannien.

Ein Verbrechen, ein Schwur oder ein Eid kann vermeintlich gebrochen werden, solange die Finger hinter dem Rücken gekreuzt werden.

Zeige- und Mittelfinger werden übereinandergelegt.

4.3.36 Den Daumen an den Fingerspitzen reiben

Diese Handbewegung sagt aus,
dass es Geld gibt oder dass etwas viel Geld kostet.

Mit dem Daumen wird an den Fingerkuppen des Zeige- und Mittelfin-
gers derselben Hand mehrmals hin und her gefahren.

4.3.37 Mit den Fingern winken

Mit dieser Fingerbewegung wird ein Winken dargestellt.

Jemand wird freundlich verabschiedet.

Es kann auch die scherzhafte Aussage „Und tschüss!" dargestellt sein.

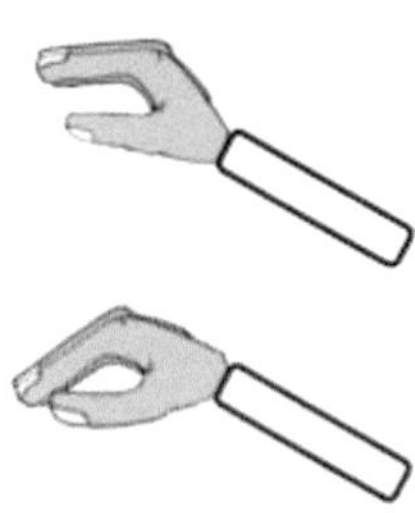

Eine Hand wird nach oben gehalten.

Die Handfläche zeigt auf das Gegenüber und die vier Finger werden auf und zu ‚geklappt'.

4.3.38 Die Fingernägel polieren

Hier zeigt die Person, dass sie sich schön(er) macht.

Sie pflegt ihre Fingernägel und gibt damit zu verstehen, dass sie es sich leisten kann, dieser Tätigkeit nachzugehen, während die anderen arbeiten oder denken müssen.

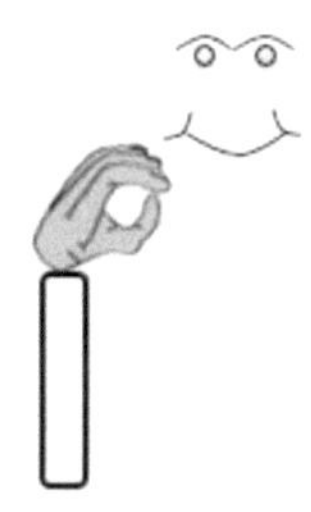

Damit stellt sich die Person über die anderen.

Sie zeigt, dass sie viel schlauer als die anderen ist, denn sie kennt ja bereits die Lösung.

Diese Geste wird scherzhaft und leicht übertrieben eingesetzt.

Eine Hand wird mit gekrümmten Fingern vor den geöffneten Mund geführt. Nun werden die Fingernägel angehaucht und gegebenenfalls an der Kleidung poliert.

182

Kapitel 5

183

Deutung der Körpersprache
Beine

Angespannt bis in die Zehenspitzen

„Gang und Haltung verraten mehr als das Gesicht.“
Sir Alec Guinness, brit. Schauspieler
(1914 - 2000)

Sich kein Bein ausreißen

Sitzt Ihnen Ihr Gesprächspartner am Tisch gegenüber, ist die Beinhaltung von ihm in der Regel nicht (durch die Tischplatte) zu sehen.

Allerdings drückt die Haltung oder Bewegung von Beinen und Füßen bestimmte Gefühle des Gegenübers aus. Zum Beispiel Nervosität, Aufgeregtheit, Verklemmtheit und andere mehr.

Auch ist für Sie nicht sichtbar, wenn auf bestimmte Ihrer Äußerungen oder Fragen hin die Beinhaltung des Gegenübers verändert wird.

Je nach dem könnte ein Zurückziehen der Unterschenkel oder der Füße als eine Gefühlsregung erkannt werden. Will sich die Person zurückziehen? Oder klammert sie sich Sicherheit suchend mit den Füßen an den Stuhlbeinen fest?

Von der Seite betrachtet lässt sich das Spiel der Beine und Füße sehen. Nicht umsonst werden manchmal Gespräche oder Interviews zwar im Sitzen, aber ohne die Sicht blockierende Tische umgesetzt.

5.1 Beine

5.1.1 Die Beine übereinanderschlagen, zum Partner

Diese Körperhaltung wird positiv gedeutet und gewertet.

Die Person sitzt weitestgehend entspannt.

Sie zeigt Sympathie in die Richtung, in die der Fuß des überkreuzten Beins zeigt.

Zeigt der Fuß zum Gesprächspartner, ist dies als gutes Zeichen zu verstehen.

Die Person ist offen zur Informationsaufnahme und dem Thema gegenüber positiv eingestellt. Es ist Sympathie vorhanden.

Ein Bein wird locker über das andere gelegt.

Die Fußspitze zeigt zum Partner.

5.1.2 Die Beine übereinanderschlagen, weg vom Partner

Diese Körperhaltung wird ebenfalls positiv gedeutet und gewertet.

Die Person sitzt entspannt und zeigt grundsätzliche Sympathie.

Ein gutes Zeichen für den Gesprächspartner, da die Person offen zur Atmosphäre und positiv zum Thema eingestellt ist.

Ein Bein wird locker über das andere gelegt.

Die Fußspitze zeigt vom Partner weg.

5.1.3 Die Beine sind verkrampft übereinandergeschlagen

Die Person hält sich mit einem Bein am anderen fest.

Diese Haltung verrät eine gewisse Unsicherheit.

Der Gesprächspartner sollte im ersten Fall versuchen, eine angstfreie Atmosphäre aufzubauen, damit sich die Person entspannen kann.

Ein Bein ist enganliegend und verkrampft über das andere gelegt.

Die Fußspitze des übergeschlagenen Beins ist hinter die Wade des anderen Beines gesteckt.

5.1.4 Im Sitzen die Beine weit von sich strecken

Diese Geste ist eine abweisende Haltung als Reaktion auf etwas Vorangegangenes.

Je nachdem, wie weit der Oberkörper zurückgelehnt wird, versucht die Person, durch diese Körperhaltung Abstand zum Geschehen oder zum Gesprächspartner zu erreichen.

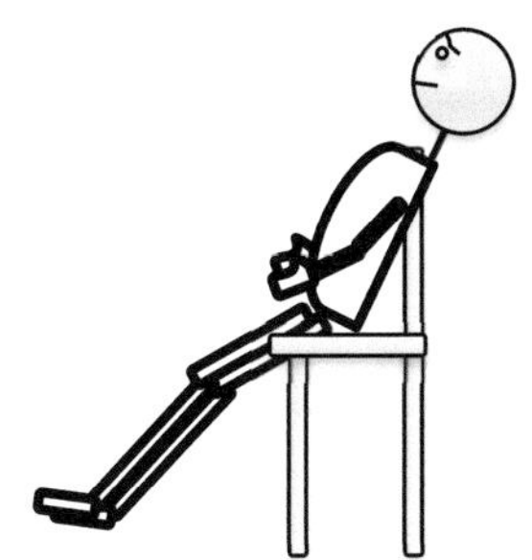

Die Beine sind im Sitzen, parallel zueinander, weit von sich gestreckt.

Der Oberkörper ist nach hinten gelehnt.

187

5.1.5 Ein Fuß wird auf das andere Bein gelegt; das Knie zeigt zum Partner

Diese Körperhaltung wird als abweisend gewertet.

Zeigt das Knie zum Gesprächspartner, so liegt eine Ablehnung gegen ihn oder das Gesagte vor.

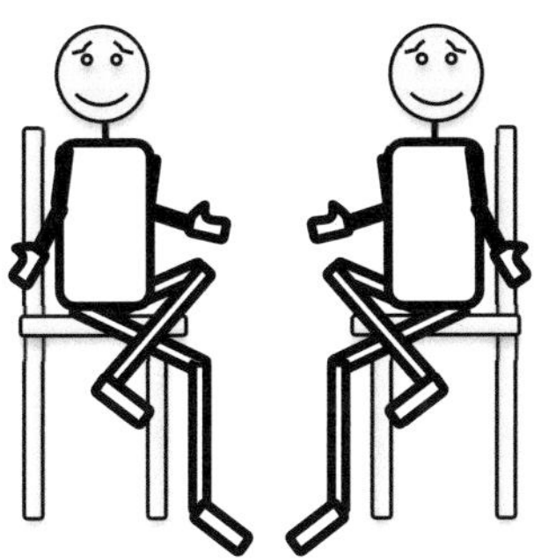

Ein Bein hat einen festen Stand auf dem Boden.

Das andere Bein ist auf dem ersten abgelegt, sodass der Fuß kurz oberhalb des Knies des ersten Beins zu liegen kommt.

Das Knie zeigt zum Gesprächspartner.

5.1.6 Ein Fuß wird auf dem anderen Bein abgelegt; der Fuß zeigt zum Partner

Auch diese Körperhaltung wird üblicherweise als negativ und abweisend gewertet.

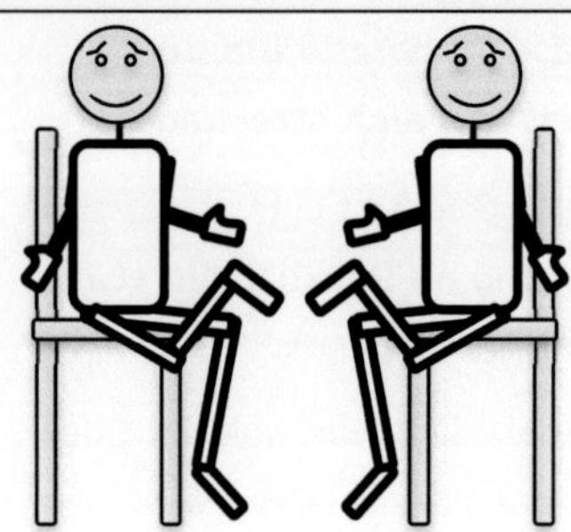

Oft unterschätzt: Bei Menschen einiger Kulturen wird es als extrem beleidigend angesehen, wenn die Fußsohle auf das Gegenüber zeigt.

Es kann sich daher eine unangenehme Atmosphäre aufbauen, die den Gesprächsablauf behindert.

Ein Bein steht fest auf dem Boden.

Das andere Bein ist auf dem ersten Bein abgelegt, sodass der Fuß kurz oberhalb des Knies des ersten Beins zu liegen kommt.

Die Fußsohle des aufgelegten Beins zeigt zum Gesprächspartner.

5.1.7 Zurückgelehnt sitzen, die Beine weit gespreizt

Eine negativ zu deutende Körperhaltung bei Männern, der eine gewünschte ‚Machohaltung‘ zugrunde liegen dürfte.

Eine scheinbare Offenheit wird durch das Zurücklehnen des Körpers zunichtegemacht.

Als Gesprächspartner versuchen, diese Person als ‚Mensch‘ zu sehen. Sobald die Beine geschlossen werden, ist diese Person für Informationen aufnahmebereit.

Die Beine sind weit gespreizt. Sie stehen fest auf dem Boden und der Oberkörper ist zurückgelehnt.

5.1.8 Ein Bein streicheln

Die Person streichelt ihr Bein selbst.

Sehr wahrscheinlich sagt ihr das Unterbewusstsein:

„Ich möchte gerne von meinem Gegenüber gestreichelt werden."

Für den Gesprächspartner ist dies eine positiv zu wertende Körperhaltung, da hier offensichtlich ihm und/oder dem Thema Sympathie entgegengebracht wird.

Geistesabwesend wird über das eigene Bein gestrichen oder gestreichelt.

5.1.9 Ein Bein umklammern

Dies ist eine abweisende Körperhaltung.

Die Person hält sich an sich selbst fest und lässt gleichzeitig keine Information an sich herankommen.

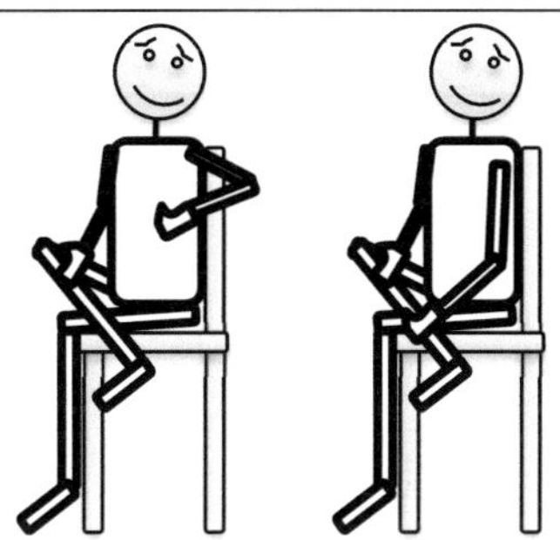

Sie ist in dieser Situation recht schwer zu überzeugen.

Der Gesprächspartner sollte versuchen, ein neutraleres Thema zu wählen, um später, bei geänderter Körperhaltung, gegebenenfalls auf den in diesem Augenblick besprochenen Punkt zurückzukehren.

Ein Bein zeigt nach unten.

Das andere Bein ist auf dem ersten Bein abgelegt.

Das oben liegende Bein wird in Höhe des Schienbeines mit einer oder beiden Händen festgehalten.

5.1.10 Die Beine überkreuzen

Die Person ist entspannt und sieht keinerlei vermeintliche Gefahren oder Angriffe auf sich zukommen.

Ein Aufspringen und Weglaufen aus dieser Körperhaltung heraus ist schwierig.

Ein positives Zeichen für den Gesprächspartner.

Die Beine sind leicht vom Körper weggestreckt und überkreuzen sich in Höhe der Waden.

5.1.11 Die Beine schließen

Es ist ein entspanntes Sitzen und aufmerksames Zuhören, solange die Beine nicht aneinandergepresst sind, was dann ein gewisses verklemmt sein bedeuten würde.

Diese Körperhaltung ist positiv für den Gesprächspartner, da hier die gegebenen Informationen aufmerksam aufgenommen und verarbeitet werden.

Im Sitzen stehen beide Beine parallel zueinander mit festem Stand auf dem Boden.

5.1.12 Auf die Oberschenkel klopfen

Oft ist diese Körperbewegung noch mit einem lauten, zustimmenden Ausruf begleitet.

Die Person schlägt sich vor Überraschung oder Begeisterung über eine tolle Idee, einen Witz oder eine Information auf die Oberschenkel.

Im negativen Fall wäre dies das Ende eines Gesprächs:

„So, bis hierher und nicht weiter", woraufhin unmittelbar ein Aufstehen und Weggehen erfolgen würde.

Im Sitzen wird mit einer oder beiden Händen fest auf einen oder beide Oberschenkel geklopft.

5.2 Füße

5.2.1 Stehend mit den Füßen wippen

Die Person zeigt, dass sie sich langweilt oder dass sie mit den Gedanken woanders ist.

Am liebsten würde sie weggehen oder etwas anderes tun.

Ein negatives Zeichen für den Gesprächspartner, der versuchen sollte, so schnell wie möglich eine andere Aktivität einzuleiten.

Im Stehen auf beiden Füßen nach vorn und hinten wippen.

5.2.2 Sitzend mit den Füßen wippen

Die Person ist verlegen, fühlt sich erwischt.

Dies ist des Öfteren der Fall, wenn der Gesprächspartner den Hintergrund einer Frage aufdecken konnte.

Das Wippen des Fußes ist ein verstecktes Weglaufen wollen.

Mit den Füßen zu wippen, ist im Grunde keine negativ zu verstehende Körperbewegung, da die Person der Sache grundsätzlich positiv gegenübersteht.

Im Sitzen mit einem oder beiden Füßen auf und ab wippen, wobei die Fersen auf dem Boden bleiben.

5.2.3 Die Füße im Sitzen verschränken

Die Person ist aufmerksam, entspannt und sieht keinerlei Gefahren oder Angriffe.

Eine leichte Tendenz, sich an sich selbst festzuhalten und damit eine gewisse Unsicherheit zu verbergen, ist festzustellen.

Ein Aufspringen und Weglaufen aus dieser Körperhaltung heraus ist schwierig.

Allerdings zieht sich die Person auch etwas zurück, vielleicht weil sie sich gerade nicht so stark fühlt.

Die Beine sind rechtwinklig angezogen und unter dem Stuhl gezogen, sowie gegebenenfalls verschränkt.

193

5.2.4 Die Füße um die Stuhlbeine legen

Diese Körperhaltung zeigt bei dem Betreffenden eine große Unsicherheit.

Er hält sich sozusagen mit seinen Füßen an den Stuhlbeinen fest und wäre am liebsten nicht an diesem Ort.

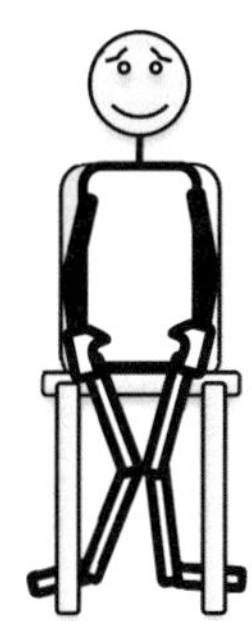

Er ist aber gezwungen dort auszuharren, wo er sich gerade befindet. Meist liegen die Hände auf den Oberschenkeln auf.

Beide Beine sind unter die Sitzfläche gezogen.

Die Füße umklammern von hinten jeweils ein Stuhlbein.

5.2.5 Einen Fuß im Sitzen nach hinten nehmen

Die Person ist relativ aufmerksam, versucht aber eine Gelegenheit zu finden ‚aufzuspringen' oder selbst das Wort zu ergreifen und das Gespräch zu führen.

Ein Aufspringen und Weglaufen aus dieser Körperhaltung heraus ist leicht möglich.

Der Gesprächspartner kann ‚aktiv' zuhören, um herauszufinden, was die Person wirklich will.

Die Beine sind angewinkelt.

Ein Bein ist nach hinten unter die Sitzfläche gezogen und auf der Fußspitze abgestützt.

Das andere Bein wird vor dem Stuhl aufgesetzt.

5.2.6 Die Fußspitzen zeigen beim Gehen nach innen

Diese Körperbewegung wird als leichte Unsicherheit gedeutet, als ein leichtes ‚In-sich-geschlossen-sein'.

Sie ist eher eine grundsätzliche Haltung, die aus dem Unbewussten kommt und innerhalb eines Gesprächs nur dann zu beeinflussen ist, wenn die Handhaltung bewusst wird.

Beim Gehen zeigen die beiden Fußspitzen jeweils leicht nach innen.

5.2.7 Die Fußspitzen zeigen beim Gehen nach außen

Zeigen die Fußspitzen beim Gehen nach außen, kann davon ausgegangen werden, dass der Person eine offene, selbstsichere Lebenseinstellung eigen ist.

Sie zeigt durch diese Stellung eine aufgeschlossene Haltung.

Beim Gehen zeigen die beiden Fußspitzen jeweils leicht nach außen.

5.2.8 Mit dem Fuß klopfen

Das Fußklopfen drückt eine gewisse Ungeduld aus.

Möglicherweise bedeutet das Bewegen des Fußes Unzufriedenheit mit dem eben Gesagten.

Am liebsten möchte die Person jetzt etwas sagen oder tun.

Der Gesprächspartner sollte der Person die Möglichkeit geben, zu reagieren, da sie sonst sehr wahrscheinlich im weiteren Gesprächsverlauf aktiv (in diesem Sinne als ‚störend') werden wird.

Im Sitzen mit einem Fuß auf den Boden klopfen, wobei die Ferse auf dem Boden bleibt.

5.2.9 Im Sitzen einen Fuß verhaken

Die Person hält sich mit einem
Fuß an ihrem Körper fest.

Sie ist unsicher und nervös, sie
fühlt sich unbehaglich.

Der Gesprächspartner sollte hier
möglichst schnell eine positive
Atmosphäre schaffen.

Im Sitzen wird ein Fuß fest hinter die Wade
des anderen Beins geklemmt.

5.2.10 Im Stehen einen Fuß verhaken

Obwohl diese Bewegung im Stehen ausgeführt wird und somit
schwieriger zu halten ist als im
Sitzen, sagt sie dasselbe aus:

Die Person hält sich mit einem
Fuß an ihrem Körper fest.

Sie ist unsicher, nervös und fühlt
sich unbehaglich.

Manchmal wird die Fußbewegung auch mit einem Fußkratzen am anderen Bein getarnt.

Gut zu beobachten, wenn sich die Person mit einer Hand abstützen
kann, zum Beispiel an einem Redepult.

Im Stehen wird ein Fuß fest hinter die Wade
des anderen Beins geklemmt.

5.2.11 Mit den Füßen wippen

Die Person ist verlegen, fühlt sich erwischt.

Dies ist des Öfteren zu sehen, wenn der Gesprächspartner den Hintergrund einer ‚unbequemen‘ Vergangenheit aufdecken konnte.

Das Wippen des Fußes ist ein verstecktes Weglaufen wollen.

Mit den Füßen zu wippen, ist im Grunde keine negativ zu verstehende Körperbewegung, da die Person der Sache grundsätzlich positiv gegenübersteht.

Im Sitzen mit einem oder beiden Füßen auf und ab wippen, wobei die Fersen auf dem Boden bleiben.

197

Kapitel 6

198

Fremdsprache des Körpers

Missverständliche Gesten

*„Die Mitteilungsmöglichkeit des Menschen ist gewaltig,
doch das meiste, was er sagt, ist hohl und falsch.
Die Sprache der Tiere ist begrenzt, aber was sie damit
zum Ausdruck bringen, ist wichtig und nützlich.
Jede kleine Ehrlichkeit ist besser als eine große Lüge."*
**Leonardo da Vinci, it. Visionär
(1452 - 1519)**

Spricht Ihr Körper ausländisch? – Andere Wertung der Körpersprache im Ausland

Mithilfe der Sprache des Körpers kann der Mensch ausdrücken, was er empfindet und was er fordert.

Viele Dialoge lassen sich rein körpersprachlich vermitteln. Bekannte Pantomimen zeigen das durch ihre nicht gesprochenen Ausdrucksformen immer wieder.

Höchstwahrscheinlich kommunizierten die früheren Vorfahren der Menschen überwiegend nonverbal. Im Laufe der Jahrhunderte ist der Mensch dazu übergegangen, seine Gesten mit begleitenden Wörtern zu unterstreichen.

Nur – bekanntlich sprechen die Deutschen eine andere Sprache als die Chinesen. Oder als die Brasilianer, oder als die Kongolesen und so weiter, und so weiter.

Demnach sollte es nicht verwundern zu erfahren, dass manche körpersprachliche Geste in anderen Ländern eine ganz andere Bedeutung haben kann.

Hier wird eine Auswahl einiger Gesten gezeigt, die anders als in Deutschland verstanden werden können.

Also: Vorsicht bei Gesten aller Art – damit mit Menschen anderer Kulturen keine Missverständnisse entstehen.

Der Daumen zeigt nach oben

Bei uns ist das ein positives Zeichen, das ein gutes Ergebnis anzeigt: „Das hast du gut gemacht.“

Oder: „Klasse – 1A.“ Eine gute Geste für das Gespräch.

Die Zahl 1 wird so dargestellt.

In China steht diese Geste für die Zahl 5, in Indonesien für die Zahl 6. In Russland bedeutet diese Geste hingegen eine Beleidigung.

Im Iran sogar für eine sehr böse Beleidigung. In Australien und Nigeria heißt sie: „Verschwinde!“ Oder: „Lass mich in Ruhe!“

In der Türkei und in Griechenland gilt diese Geste als obszön, fordert sie doch zum Geschlechtsverkehr auf. Wird der Daumen dabei auf und ab bewegt, ist homosexueller Geschlechtsverkehr gemeint.

Alles ‚o.k.‘?

In hiesiger Kultur, in Kanada und in den USA heißt das Zusammenfügen des Zeigefingers und des Daumens: „Wunderbar, okay“.

Taucher signalisieren damit, dass es keine Probleme gibt.

In Brasilien, Italien, Spanien, Griechenland, Russland und in der Türkei bedeutet es hingegen die anale Körperöffnung. Also: eine sehr grobe Beleidigung.

In Frankreich, Belgien, Tunesien beschimpfen Sie damit Ihr Gegenüber als ‚Null‘. Oder auch: Etwas ist wertlos.

Mal was Angenehmeres: In Japan steht diese Geste für ‚Geld‘.

Faust

Das Drohen mit einer Faust ist ein eindeutig aggressives Zeichen.

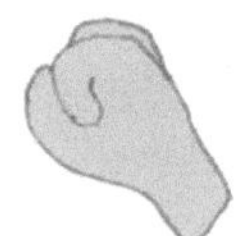

Die Person hält im Augenblick ihre Erregung zurück. Sie ist wütend, möchte ‚draufhauen'.

In den meisten Kulturen dieser Welt hat diese Geste eine drohende, aggressive Bedeutung.

Klopfen Sie mit einer Faust in die andere Handfläche, bedeutet das hierzulande: „Auf geht es!"

Oder: „Dem zeigen wir es jetzt!"

In einigen westafrikanischen Ländern steht diese Geste für ‚einverstanden sein'.

In Chile und einigen arabischen Ländern steht sie für die Aufforderung zum gemeinsamen Geschlechtsverkehr.

201

Die Hand als Pistole

Die Fingerspitze zielt angreifend auf eine andere Person.

Vergleichsweise so, als würde eine Pistole drohend auf die andere Person gerichtet.

Es wird eine Art Beschuldigung ausgesprochen: „Der da, der hat's getan."

Oder: „Das, was DU gesagt hast, ist …"

In China steht diese Geste für die Zahl 8.

Die Schuhsohle ist sichtbar

Diese Körperhaltung wird oft als negativ und abweisend, ja blockierend gewertet.

In Ländern mit muslimischem Glauben ist diese Sitzhaltung eine grobe Beleidigung, weil die Schuhsohle sichtbar ist.

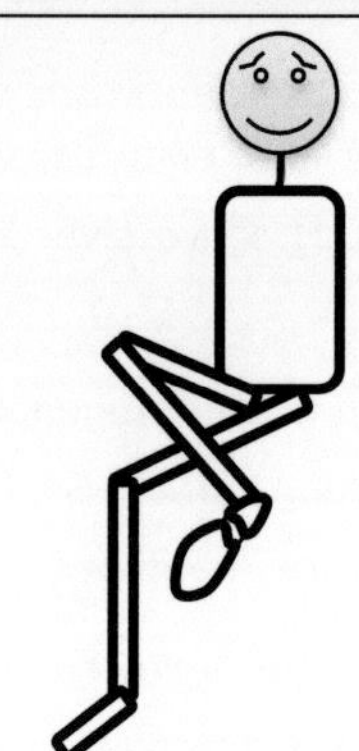

Die Schuhsohle berührte zuvor den am Boden liegenden Schmutz.

Es kann sogar sein, dass ein Gesprächspartner erbost den Raum verlässt, wenn er diese Körperhaltung beim Gegenüber wahrnimmt

Die Zunge rausstrecken

Der Gesprächspartner, dem die Zunge herausgestreckt wird, wird von seinem Gegenüber beleidigt und nicht geachtet.

Diese Geste ist als sehr negativ zu bewerten.

Im privaten Kreis manchmal auch als ‚spaßige‘ Geste eingesetzt.

In Tibet hingegen können Sie diese Geste als freundlich gemeinte Begrüßung erleben.

Du hast wohl einen Vogel?

Mit dem Zeigefinder wird an die eigene
Stirn gezeigt.

Das intelligente Verhalten beziehungsweise die Intelligenz des Gesprächspartners wird angezweifelt.

Allerdings bedeutet diese Geste in den USA, dass jemand als besonders intelligent bezeichnet wird.

„Mir steht es bis hier."

Die Hand wird ruhig gehalten.

Die Person ist augenblicklich in einer gestressten und/oder schlechten Verfassung.

Mit dieser Handgeste sagt sie aus: „Es steht mir
bis hier."

Sie hat also das Höchstmaß der unangenehmen Erfahrung erreicht.
Ginge es weiter, würde sie ‚ertrinken'.

Übrigens: In Polen soll angedeutet werden, dass bei dieser Variante
jemand mit Alkohol abgefüllt, also volltrunken ist.

Mit einer Faust in die andere
Handfläche klopfen

In hiesiger Kultur bedeutet das:
„Auf geht es!"

Oder: „Dem zeigen wir es jetzt!"

In einigen westafrikanischen Ländern steht diese Geste für ‚einverstanden sein'.

In Chile und einigen arabischen Ländern steht sie für die Aufforderung zum gemeinsamen Geschlechtsverkehr.

Friede – Victory

Victory-Zeichen: Zeige- und Mittelfinger der rechten Hand formen ein V-Zeichen.

Dabei ist die Handfläche dem
Gegenüber zugewendet.

Die Person zeigt, dass sie Frieden will und keine Angriffsstimmung
vorhanden ist.

Sir Winston Leonard Spencer-Churchill (brit. Premierminister, 1874 –
1965) benutzte dieses Zeichen häufig in der Öffentlichkeit.

Es stellt bis heute eine neutrale bis positive Geste für den Gesprächspartner dar.

Mit den Fingern werden Zeichen in die Luft gemalt. Hier die gespreiz-
ten Zeige- und Mittelfinger einer Hand.

In Worte übersetzt heißt das: „Einverstanden!" „Victory."

Liegen beide Finger enger nebeneinander, dann wird die Zahl 2 an-
gegeben.

In Griechenland hingegen, gilt die Geste als böse Beleidigung.

Wird die Hand umgekehrt gehalten, entspricht sie dem deutschen
Stinkefinger.

Das gilt nicht nur für Großbritannien, sondern auch für Australien
und für Malta.

„Nicht mit dem Zeigefinger auf Menschen deuten!"

Dies ist eine sehr unhöfliche, anklagende Geste.

Deutlich wird auf eine andere Person aufmerksam gemacht, um sie zu beschuldigen oder bloßzustellen.

In Thailand und Nepal gilt das als Beleidigung, in Südafrika sogar als Angriffsgeste.

Sind Sie sich unsicher im nonverbalen Verhalten einem anderen gegenüber, dann sprechen Sie ihn direkt an.

Es ist besser, eine Unsicherheit zu klären, als ungewollt jemanden vor den Kopf zu stoßen.

Anhang

Index

209

Knigge als Synonym und als Namensgeber

Umgang mit Menschen

*„Suche weniger selbst zu glänzen,
als andern Gelegenheit zu geben,
sich von vorteilhaften Seiten zu zeigen,
wenn Du gelobt werden und gefallen willst"*
**Adolph Freiherr Knigge, aus dem Buch „Über den Umgang mit
Menschen", 1788
(1752 - 1796)**

Adolph Freiherr Knigge

Schon zu seinen Lebzeiten war Adolph Freiherr Knigge (1752 – 1796) umstritten. Knigge setzte sich durch sein energisches Eintreten für die Ziele der Aufklärung, so wie er sie verstand, scharfen Angriffen aus.

Er arbeitete als Romanschriftsteller und Satiriker, sowie als politischer Schriftsteller. Er gehörte den Freimaurern an.

Heute ist Knigge vor allem seines Buches wegen ‚Über den Umgang mit Menschen' (1788) bekannt. Und zwar deswegen, weil sein Werk als Etikette-Buch angesehen wird.

Knigge verdankt seinen heutigen Ruf und Erfolg aber einem Missverständnis. Denn: Das Werk Adolph Freiherr Knigges gilt als Etikette-Buch ersten Rangs. Allerdings beschreibt Knigge keine Regeln wie mit Besteck umzugehen ist, oder das Verhalten bei Tisch, stattdessen offenbart er eine praktische Lebensphilosophie im Umgang mit Mitmenschen.

Er gibt Anleitungen und Anregungen, wie mit seinen Mitmenschen richtig umzugehen ist. Knigge hoffte damit, dass die Menschen glücklich und froh miteinander leben könnten.

Sein Buch erschien 1788 und war schon kurze Zeit in fast allen Haushalten zu finden. Über 200 Jahre lang prägte sich sein Buch im Bewusstsein der Leser als praktisches Handbuch über gutes Benehmen ein.

In drei Teilen seines Buches hat Knigge über den Umgang mit verschiedenen Menschengruppen geschrieben, zum Beispiel:

Über den Umgang mit Leuten von verschiedenen Gemütsarten, Temperamenten und Stimmungen des Geistes und des Herzens (Erster Teil, 3. Kapitel)

- Über den Umgang mit Frauenzimmern (Zweiter Teil, 5. Kapitel)

- Über das Verhältnis zwischen Wohltätern und denen, welche Wohltaten empfangen; wie auch unter Lehrern und Schülern, Gläubigern und Schuldnern (Zweiter Teil, 10. Kapitel)

- Über den Umgang mit den Großen der Erde, mit Fürsten, Vornehmen und Reichen (Dritter Teil, 1. Kapitel)

Obwohl es heute klar ist, dass Knigge anderes verfolgte, als wir unter seinem Namen verstehen, soll ‚Knigge' als Synonym für den Bereich stehen, dem sich das vorliegende Buch widmet.

12 Ratgeber in der kleinen Knigge-Reihe

Der kleine ... -Knigge [2100]

Anstands- und Banausen-...
Business- und Kunden-...
Büro- und Kollegen-...
Gäste- und Gastgeber-...
Gesellschafts- und Freunde-...
Outfit- und Stil-...
Interkulturelle- und
Auslands-...
Bewerbungs- und
Vorstellungs-...
Event- und Feste-...
Gastro- und Tischsitten-...
Speisen- und Exoten-...
Trinkkultur- und Getränke-...

Je 88 Seiten

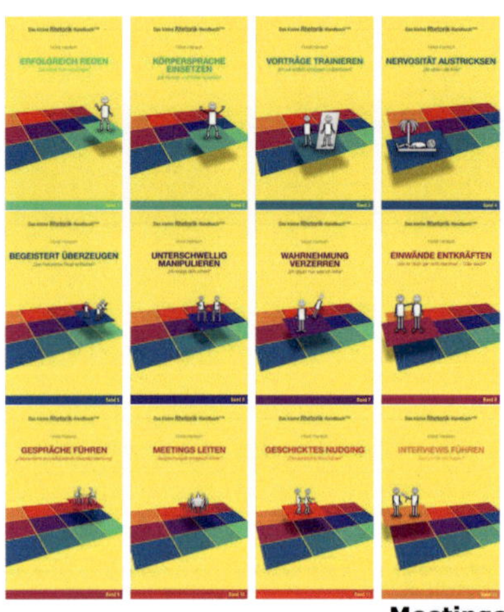

Das kleine Handbuch der Rhetorik [2100]

Erfolgreich reden „Die Kunst, flott vorzutragen"
Körpersprache einsetzen „Mit Händen und Füßen sprechen"
Gezielt trainieren „Ich will endlich erfolgreich präsentieren!"
Nervosität austricksen „Mir zittern die Knie"
Begeistert überzeugen „Das rhetorische Feuer entfachen"
Unterschwellig manipulieren „Ich kriege dich schon!"
Wahrnehmung verzerren „Ich glaub' nur, was ich sehe."
Einwände entkräften „Das ist doch gar nicht machbar! – Oder doch?"
Gespräche führen „Zielorientierte und zeitsparende Gesprächslenkung"
Meetings leiten „Besprechungen erfolgreich führen"
Geschicktes Nudging „Das versteckte Anschubsen"
Interviews führen „Darf ich Sie mal fragen?"
Je 100 Seiten

Das Märchen der ...

professionellen Argumentation
harmlosen Fragen
sauberen Wahrheit
vertrauenswürdigen Fairness

... in der Rhetorik [2100]
Je 100 Seiten

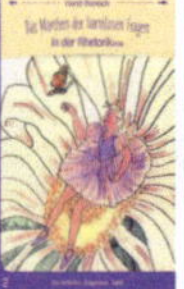

4 Ratgeber in der Ego-Management-Reihe

Persönlichkeits-Management – Ego-Knigge 2100 Soft Skills, Selbst-Reflexion und Selbst-Bewusstsein

Stress-Management – Ego-Knigge 2100 Lampenfieber, Stressoren, Gerüchte, Mobbing, Burnout, Stressvermeidung

Zeit-Management – Ego-Knigge 2100 Umgang mit der Zeit, Organisation von Arbeitsabläufen, Perfektionismus, Zielsetzung

Gedächtnis-Management – Ego-Knigge 2100 Gehirn, Intelligenz, Schwachsinn – Hochbegabung, Gedächtnis, Lerntechniken.

Jeder Ratgeber 104 Seiten, A5, kartoniert

4 Ratgeber der Reihe Lebenseinstellung

Aberglauben-Knigge 2100 Von schwarzen Katzen, der linken Hand des Teufels und den Glücksbringern
Lügen- und Egoismus-Knigge 2100 Überleben durch Flunkern, Schummeln und Täuschen! Macht, Respekt, Wertschätzung? Lebenslüge und Lebensschutz
Glücks-Knigge 2100 Vom Glücklichsein, positiven Denken und von Freundschaften
Angst- und Optimismus-Knigge 2100 Die Furcht beherrschen, Ängste nutzen und positiv durchs Leben gehen.

Jeder Ratgeber 216 Seiten, A5, kartoniert

3 Ratgeber Bräutigam, Braut und Brautpaar

Bräutigam-Knigge 2100 Verlobung und Polterabend, Schwiegereltern und das Ja-Wort, Hochzeits-Outfit und Hochzeits-Kutsche

Braut-Knigge 2100 Brautkleid und Accessoires, Das große Hochzeitsfest, Höhepunkte und Hochzeitstanz

Brautpaar-Knigge 2100 Historisches und Sonderbares, Planung und Organisation, Aberglaube und Hochzeitsbräuche.

Jeder Ratgeber 104 Seiten, A5, kartoniert

3 Ratgeber Selbst-Coaching

Selbstbewusstsein Knigge 2100 Ich bin, ich kann, ich will. Das eigene Leben bestimmen, Soft Skills, The Winner 1.

Selbstwertgefühl Knigge 2100 Steh auf! Werde aktiv! Zeige Profil! Das eigene Leben beeinflussen, Motivation, The Winner 2.

Selbstoptimierung Knigge 2100 Optimistischer, attraktiver, authentischer. Das eigene Leben gestalten, Ansprüche, The Winner 3.

Jeder Ratgeber 120 Seiten, A5, kartoniert

213

Leben und Lifestyle

Adam allein auf der Welt Knigge ²¹⁰⁰ Ein Buch mit Bildern vom ersten Menschen, seinen Gedanken und seiner Körpersprache, 104 Seiten, A5, ca. 155 Fotos

Jugend-Knigge ²¹⁰⁰ Knigge für junge Leute und Berufseinsteiger, 152 Seiten

Alters-Knigge ²¹⁰⁰ Abgehängt und abgeschoben? Altersdiskriminierung? Akzeptanz des Älterwerdens!, 152 Seiten

Zukunfts-Knigge ²¹⁰⁰ Verfall der Sitten und Verlust der Wertschätzung? Umgangsformen in 100 Jahren. Zusammenleben mit Menschen, Maschinen und menschenähnlichen Robotern, 172 Seiten A5 kartoniert

KI-Knigge ²¹⁰⁰ Leben mit der Künstlichen Intelligenz! Veränderungen im realen Umgang?, 196 Seiten A5 kartoniert

Wertschätzung-Knigge ²¹⁰⁰ Gleichberechtigung, Gender und Respekt, Sexuelle Orientierung, Umgang bei Diskriminierung und Mobbing, 152 Seiten A5

Hochzeits-Knigge ²¹⁰⁰ Hochzeitsbräuche, Geschenke, Brautjungfer, Trauung, Festgäste und Festmahl, 310 Seiten A5

Ü65- und Senioren-Knigge ²¹⁰⁰ Die junge Alten und die alten Jungen, Kommunikation und Verständnis zwischen den Generationen, 180 Seiten A5

Blumen-Knigge ²¹⁰⁰ Historisches, Mystisches, Festliches, Blumensprache, Umgang mit Blumen-Präsenten, 144 Seiten A5

Bekleidung! Ausdruck der Persönlichkeit – Lukas' Outfit-Knigge ²¹⁰⁰, 196 Seiten A5

Nudel-Knigge ²¹⁰⁰ Himmlische Teigwaren, 140 Seiten A5

Der Interkulturelle Kompetenz-Knigge ²¹⁰⁰ Kultur, Kompetenz, Eindrücke – Gesten, Rituale, Zeitempfinden – Berichte, Tipps, Erlebnisse, 240 Seiten A5

China-Deutschland-Knigge ²¹⁰⁰ Chinesen in Deutschland, 104 Seiten A5

Dschungel-Knigge ²¹⁰⁰ Umgang in ungewohnter Umgebung, 192 Seiten A5

Von allen guten Geistern verlassen-Knigge ²¹⁰⁰, 132 Seiten A5

Der Dicke-Knigge ²¹⁰⁰ Aus dem prallen Leben des Dicken, 104 Seiten A5

Typisch Frau – Typisch Mann Knigge ²¹⁰⁰ Unterschiede und Gemeinsamkeiten im Umgang mit dem anderen Geschlecht, 128 Seiten A5

Kulinarischer und Gastronomischer Knigge ²¹⁰⁰ 284 Seiten A5

Klo- und Pinkel-Knigge ²¹⁰⁰ Vom privaten und öffentlichen Bedürfnis - Umgangsformen im Tabu-Bereich, 104 Seiten A5

Alles hat seine Zeit-Knigge ²¹⁰⁰ Umgang mit der Zeit, 294 Seite A5

Omi hüpf' mal Märchen meiner Großmutter, Erlebnisse ihre Jugend und wahre Geschichten meines Vaters von und über Omi Rickchen, Hardcover, 312 Seiten

Der Hunde-Knigge ²¹⁰⁰ Umgang mit dem Hund – Hundesprache – Der Hund in der Gesellschaft, 180 Seiten A5

Welcome to Germany-Knigge ²¹⁰⁰ Umgangsformen, Verhaltensmuster und gesellschaftliches Miteinander im deutschsprachigen Europa, 108 Seiten A5

Besuch willkommen Knigge ²¹⁰⁰ Einladung, Gast, Geschenk, Empfang, Feier, Gastfreundschaft, 200 Seiten A5

Leben, Tod und Ansichten Austausch mit Berühmtheiten über Wichtiges und Unwichtiges im Leben, 116 Seiten A5

Last List Leid ²¹⁰⁰ Verlogene Welt?, 160 Seiten A5

Mensch Macht Mörder ²¹⁰⁰ Verfall der Umgangsformen?, 260 Seiten A5

Tod, Trauer, Totenkult-Knigge ²¹⁰⁰ Sterben, Trost, Takt, Bestatten, Tradition, Vorsorge, Tabus, Vergänglichkeit und Sonderbares, 212 Seiten A5

Corona-Knigge ²¹⁰⁰ Umgang mit dem Virus, 88 Seiten 12x19, kartoniert

Das kleine Knigge-Quiz ²¹⁰⁰ 96 Seiten, 12x19 cm, kartoniert

Leben und Lifestyle

Rhetorik, Soft Skills, Hochschule, Beruf

Rhetorik ist Silber Von den ersten Schritten zu einer perfekten Präsentation, 336 Seiten A5, kartoniert, Zeichnungen

Moderation ist Gold Gesprächsführung, Umfragen, Talkrunden und Manipulation, 274 Seiten A5, kartoniert, Zeichnungen

Lebhafte Körpersprache in Vorträgen, Präsentationen, Gesprächen, 218 Seiten A5, kartoniert, ca. 290 Zeichnungen

Rhetoric – Mastering the Art of Persuasion, 222 Seiten A5, kartoniert

Discussion – Mastering the Skills of Moderation, 192 Seiten A5, kartoniert

Body Language in Europe, 196 Seiten A5, kartoniert, ca. 290 Zeichnungen

Das große Buch der Kommunikation und der Gesprächsführung [2100], 460 Seiten A5, kartoniert, Zeichnungen

Das große Buch der Rhetorik [2100] Tacheles reden; Präsentieren; manipulieren und überzeugen, 452 Seiten A5, kartoniert, viele Darstellungen

Trickreiche Rhetorik [2100] Psychologische Gesprächsführung, manipulierende Darstellung, unaufdringliches Nudging, 448 Seiten A5, kartoniert, Zeichnungen

Körpersprache [2100] **– Lüge, Verrat, Macht**, Im Beruf, vor Gericht, beim Flirt – Gewinnerpose und Demutshaltung; 440 Seiten A5, kartoniert, über 400 Zeichnungen

Soft Skills-Knigge [2100] Soziale, Persönlichkeit, Selbstmanagement, 480 Seiten A5, kartoniert, viele Darstellungen

Schlagfertigkeit-, Spontaneität-, Stegreif-Knigge [2100] Impulsiv handeln, verbale Angriffe kontern, Störungen entwaffnen, 104 Seiten A5

Pitch Skills und Überzeugungs-Knigge [2100] Elevator Pitch, Geldgeber beeindrucken, Feuer versprühen, 128 Seiten A5, kartoniert

Smalltalk-Knigge [2100] Vom kleinen Gespräch bis zum charmanten Flirt - Kontakt ausbauen, Sympathie zeigen, Begehrlichkeit wecken, 100 Seiten A5

Quassel-Knigge [2100] Quasseln, Quatschen, Quengeln oder Lebenswichtige Kommunikation – Gezielt eingesetzte Rhetorik – Aussagekräftiges Profil zeigen, 112 Seiten A5

Die moderne Führungskraft [2100] **Online und Präsenz,** Handbuch für souveräne Vorgesetzte und solche, die es werden wollen, 252 Seiten A5, kartoniert, Zeichnungen

Emotionale Rhetorik im Leben und rund um den Tod [2100] Vielfältige Kommunikation – Fiktiver Interview-Austausch mit Berühmtheiten, 260 Seiten A5

Innere Rhetorik [2100] Zielführende Kommunikation mit sich selbst, 140 Seiten A5

Kriegerische Rhetorik [2100] Sensible Diplomatie, einfühlsame Empathie, 156 Seiten A5

Blumige Rhetorik [2100] Zielführende Kommunikation mit sich selbst, 140 Seiten A5

Alles hat seine Zeit – Knigge [2100] Umgang mit der Zeit, 294 Seiten A5

Hochschul-Knigge [2100] Studentischer Umgang, 132 Seiten A5, kartoniert, Fotos

Jugend-Karriere-Knigge [2100] 224 Seiten A5, kartoniert, Zeichnungen, Checklisten

Bewerbungs-Knigge [2100] **für Frauen – Tina bewirbt sich / Bewerbungs-Knigge** [2100] **für Männer – Tom bewirbt sich**, Vorbereitung, Wahl der Kleidung, Verhalten beim Bewerbungsgespräch, je 128 Seiten A5, kartoniert, Fotos, Checklisten

Online-Bewerbungsgespräche-Knigge [2100] **Vorstellungsgespräche auf Distanz – Tina und Tom bewerben sich digital**, 128 Seiten A5, kartoniert, Zeichnungen

Kreativitäts-Knigge [2100], Visionärhaft denken, Scheuklappen sprengen, Mentales Risiko eingehen, 164 Seiten A5, kartoniert

Team und Typ-Knigge [2100], Ich und Wir, Typen und Charaktere, Team-Entwicklung, 128 Seiten A5, kartoniert, viele Darstellungen

Die flotte Generation Y im 21. Jahrhundert, selbstbewusst – lebensbetonend – flexibel, 116 Seiten A5, kartoniert, Zeichnungen

Die flotte Generation Z im 21. Jahrhundert, entscheidungsfreudig – effizient – eigenverantwortlich, 140 Seiten A5, kartoniert, Zeichnungen

Tele-Meeting [2100], Digitale Konferenz, Online-Unterricht, Homeoffice, 104 Seiten A5, kartoniert

Rhetorik, Soft Skills, Hochschule, Beruf

217

Beratung, Coaching, Seminar

Wer hat nicht gerne mit Menschen zu tun, die selbstbewusst und selbstsicher mit anderen Menschen umgehen?

Geschäftspartnern, die die elementaren Regeln des ‚Benimms‘ beherrschen, stehen die Türen zum Erfolg offen.

Unternehmen, die neben ihrer fachlichen Leistung auch ‚menschlich‘ überzeugen wollen, bieten wir für ihre Mitarbeiterinnen und Mitarbeiter aktives Training im Umgang mit Kunden, Gästen, Kollegen und Gesprächspartnern an.

Auf unserer Website informieren wir Sie über unsere Angebote:

- Firmen-Internes-Training
  → Business-Etikette und das Lehrmenü
  → Präsentieren, Moderieren, Kommunizieren
  → Körpersprache und ihre Geheimnisse
  → Teuflische Rhetorik und das Erkennen manipulativer Aspekte
  → Flottes Reden vor und zu anderen
  → Der erste entscheidende Eindruck
- Interkulturelles Training
  → Umgang mit Menschen anderer Kulturen
- Intensiv-Training für
  → TV-Auftritte
  → Vorträge
  → Präsentationen
  → Reden
- Fachliteratur und journalistische Beiträge
- Vorträge/Speaker
  → Vor kleinem und vor großem Publikum
- Workshops
  → Soft Skills
  → Team-Training

Individuelles Coaching für Einzelpersonen: Wer es ganz individuell mag, greift zurück auf ein Einzel-Coaching, auch als Online-Coaching. Hier werden ganz persönliche Herausforderungen angegangen, mit Themen wie:

- → Erscheinungsbild – Der Erste Eindruck
- → Selbstsicheres und authentisches Auftreten
- → Persönlichkeitsentfaltung
- → Bewerbungstraining
- → Rhetorik und Überzeugungskraft
- → Erfolgreiche Verhandlungsführung
- → Kommunikation und Konfliktbewältigung
- → Präsentations-Techniken und Moderation
- → Interkulturelle Kompetenz

und andere Themen – direkt auf die besonderen Bedürfnisse des Einzelnen zugeschnitten. Besuchen Sie uns auf www.knigge-seminare.de

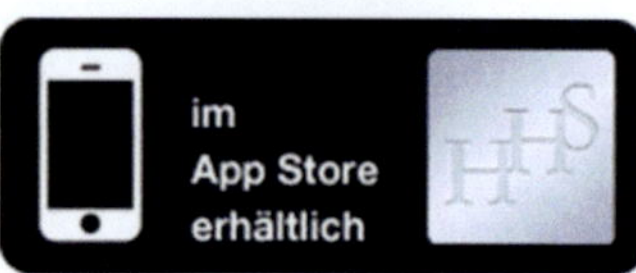